Paul Kunitzsch

UNTERSUCHUNGEN ZUR STERNNOMENKLATUR DER ARABER

UNTERSUCHUNGEN ZUR STERNNOMENKLATUR DER ARABER

von

PAUL KUNITZSCH

1961

OTTO HARRASSOWITZ · WIESBADEN

Gedruckt mit Unterstützung der Deutschen Forschungsgemeinschaft
Gesamtherstellung: BoD, Hamburg
Printed in Germany

Otto Harrassowitz GmbH & Co. KG
Kreuzberger Ring 7c-d, D-65205 Wiesbaden,
produktsicherheit.verlag@harrassowitz.de

Inhaltsübersicht

I

Allgemeine Darstellung

A. Einleitung

Die „Araber" haben im Abendland seit dem Mittelalter einen besonderen Ruf als Sternkundige und Sterndeuter genossen. Die große Zahl astronomischer und astrologischer Bücher, die seit dem zehnten Jahrhundert vor allem ins Lateinische, aber auch ins Altspanische und Altfranzösische übersetzt wurde, bewirkte, daß Namen wie ALBATEGNIUS (al-Battānī), ALFRAGANUS (al-Farġānī), ALBUMASAR (Abū Maʿšar) bis ins siebzehnte Jahrhundert hinein den Ruf der „Araber" als Astronomen und Astrologen symbolisierten. Vor allem aber lebt bis in die heutige Gegenwart hinein in der internationalen Astronomie eine Menge von über zweihundert entlehnten „arabischen" Sternnamen[1] und legt, teils als direktes Ergebnis jener mittelalterlichen Berührung, teils als sekundärer Nachhall aus späteren Jahrhunderten, unübersehbar Zeugnis ab für den grundlegenden Einfluß einer Kulturtradition, in der der Name der Araber zu Unrecht einen allzubreiten Raum eingenommen hat. Arabisch war daran eigentlich meist nur die Sprache, die Inhalte dagegen hellenistisch-antik, die Autoren Angehörige aller der Völker, die der Islām in seiner Expansion erfaßt hatte.

Die Übersetzungen jener Lehrbücher aus dem Arabischen in europäische Sprachen hatten eine Anzahl „arabischer" Sternnamen entlehnt und in die wissenschaftliche Terminologie eingebracht. Sobald man begann, sich in Europa mit der arabischen Sprache als Forschungsgegenstand zu beschäftigen, stieß man natürlich auf das Phänomen der „arabischen" Sternnamen. Schon POSTELLUS (cf. FÜCK, *Die arabischen Studien in Europa*, Leipzig 1955, p. 36ff.) setzt sich mit ihnen auseinander (*Signorum coelestium vera configuratio aut asterismus*, Paris 1553); und der bekannte JOSEF SCALIGER (cf. FÜCK p. 47ff., bes. 52 mit n. 110

---

[1] Ich habe vor kurzem an anderer Stelle die in Europa gebrauchten „arabischen" Sternnamen eingehend untersucht: *Arabische Sternnamen in Europa*, Wiesbaden 1959; im folgenden kurz zitiert als *Sternnamen*. Wo in Einzelfällen Angaben, die ich jetzt hier mache, von denen in den *Sternnamen* abweichen, soll die hier gebrauchte jüngere Formulierung gelten. Für Literatur verweise ich grundsätzlich auf die dortige Bibliographie.

und 111) hängt an den Druck 1600 seiner kommentierten Manilius-Ausgabe ein Kapitel „De quarundam stellarum arabicis appellationibus“; auch der nachmals so berühmte Staatsrechtsgelehrte Hugo Grotius geht im Anhang zu seiner Arat-Studie recht ausführlich auf die arabischen Namen ein. Damit ist der Begriff der „arabischen“ Sternnamen geprägt und als beliebter Gegenstand wissenschaftlicher Untersuchungen in die internationale abendländische Literatur eingeführt. Diese Versuche spielten sich jedoch in einem relativ materialarmen Raum ab, und man darf ihr Hauptergebnis eben darin sehen, daß sie die „arabischen“ Sternnamen als Begriff weithin bekannt machten und ihr jahrhundertelanges Weiterleben nicht unwesentlich förderten.

Eine neue Phase eröffnet Hyde (cf. Fück p. 86), der 1665 den Sternkatalog des Uluġ Bēg veröffentlicht und dazu einen umfangreichen Kommentar aus der einschlägigen arabischen Literatur, vor allem aus einer Oxforder Ṣūfī-Hs, gibt. Hier erscheinen nun zum erstenmal „arabische“ Sternnamen aus Originaltexten dargestellt, und zwar in einer Anzahl, die weit über den in Europa bekannten klassischen Bestand hinausgeht. Von hier hat 1814 Piazzi an die hundert Namen neu in seinen Sternkatalog und das heißt in die astronomische Terminologie übernommen. In sehr enger Anlehnung an Hyde hatte in Deutschland 1796 Lach eine Sternnamenstudie veröffentlicht, aus der 1801 Bode sehr viele neue Namen in seinen Atlas *Uranographia* aufnahm. Nach ähnlicher Methode edierte 1809 Ideler (cf. Fück p. 160) die astrothetischen Kapitel aus Qazwīnīs Kosmographie unter reichlicher Beifügung von Erläuterungen.

Als Ergebnis dieser publikatorischen Aktivitäten stieg nicht nur die Zahl der in der europäischen Astronomie gebräuchlichen „arabischen“ Sternnamen sehr auffällig auf über das Doppelte, sondern es verbreitete sich auch allgemein der Eindruck, daß die Araber ein besonders sternnamenreiches Volk seien. Diesen Eindruck hatte Ideler noch verstärkt dadurch, daß er bei den „arabischen“ Sternnamen zum erstenmal systematisch unterschied zwischen ursprünglich griechischen, aus Ptolemäus übersetzten Namen einerseits, und echtarabischen beduinischen andererseits. Gestützt auf Hydes Exzerpte aus Ṣūfī konnte er dabei andeuten, daß der Gesamtbestand echtarabischer Sternnamen zweifellos größer sein müsse als das, was der kompilierende Kosmograph Qazwīnī biete. Zu seiner Methode gehörte es, die echtarabischen Sternnamen aus den Bedingungen des Beduinenlebens zu deuten, das heißt darin recht unmittelbare beduinische Prägungen zu erkennen.

Wenn man also heute an eine Untersuchung der Sternnamen der Araber — d. h. also der echtarabischen, nicht aus Ptolemäus übersetzten Namen — herangeht, so hat man sich, nach Fixierung der ältesten erreichbaren Quellen, vor allem mit den genannten herrschenden Ansichten über Charakter und Anzahl dieser Namen auseinanderzusetzen.

B. Die Quellen

1. Astronomische Quellen

Das Auftreten und die Benutzung von Sternnamen wird man von vornherein geneigt sein, in der astronomischen Literatur zu suchen. Im arabisch-islamischen Raum ist es jedoch so, daß eine eigentliche methodische Astronomie sich erst durch die Kenntnis übersetzter indischer, persischer und griechischer Texte bildet. Das heißt, die astronomische Literatur ist vom Augenblick ihres Auftretens an nach jenen fremden, nichtarabischen Vorbildern orientiert und schließt sich ihnen auch hinsichtlich der Nomenklatur weitgehend an. Grundlage gerade der Sternnomenklatur bildet hierbei die Übersetzung des Katalogs von 1025 Fixsternen aus PTOLEMÄUS' *Μαθηματική Σύνταξις* (Almagest). Von echtarabischen Namen wurden meist nur diejenigen ganz besonders bekannter oder auffälliger Gestirne beibehalten.

Als einer der ältesten arabisch-islamischen Astronomen benutzt Farġānī in seinem nach HONIGMANN, *Die sieben Klimata*, Heidelberg 1929, p. 136 zwischen 833 und 861 geschriebenen Abriß der Astronomie einige arabische Sternnamen. Im 19. Kapitel führt er die fünfzehn hellsten Fixsterne mit ihren Namen auf, und im 20. Kapitel gibt er eine Liste der achtundzwanzig Mondstationen, die nach CARMODY, *Leopold* p. 41 die älteste vollständige Mondstationenliste ist. Sie stimmt in ihren Angaben sachlich im wesentlichen mit den *anwā'*-Büchern überein und ist zweifellos aus einem solchen exzerpiert.

Battānī verhält sich in der Terminologie wahllos eklektizistisch (cf. *Sternnamen* p. 28); auf Sternnamen geht er explicite nicht ein. Er gibt lediglich in Kapitel 51 (Text ed. NALLINO III, 188; Übersetzung I, 125; Cmt II, 297ff.) die Namen der achtundzwanzig Mondstationen, eingeordnet in die zwölf Tierkreiszeichen, in denen sie jeweils stehen.

Darüber hinaus hat jedoch ein Astronom, der sich speziell für Fixsternbeobachtung interessierte und sich kritisch mit dem ptolemäischen Verzeichnis beschäftigte, in der gleichen Untersuchung die Sternnamen der Araber mitbehandelt: Abū l-Ḥusayn aṣ-Ṣūfī (gest. 986). Die Bedeutung dieses Autors für unsere Kenntnis arabischer Gestirne ist seit HYDES Exzerpten und IDELERS Untersuchungen bekannt; 1874 brachte SCHJELLERUP eine französische Übersetzung mit teilweise beigefügtem Originaltext des Fixsternbuches heraus; 1954 erschien der vollständige Text bei der Dā'irat al-Maʿārif al-ʿUṯmānīya in Ḥaydarābād[1]; 1925 hatte O. J. TALLGREN Ṣūfīs Nomenklatur nach der altspanischen Version des

[1] Hierauf beziehen sich alle meine Ṣūfī-Zitate, wenn nicht ausdrücklich SCHJELLERUP genannt wird.

Yehuda ben Mose in den *Libros del Saber* kritisch ediert. Ṣūfī muß sein Buch um 964 veröffentlicht haben, da seine Koordinatenberechnungen für das Sternverzeichnis auf dies Jahr bezogen sind (p. 25: auf den Anfang des Jahres 1276 alexandrinischer Ära = 1. Oktober 964).

Was sagt Ṣūfī über die Sternnamen der Araber aus? An die Behandlung jedes der 48 ptolemäischen Sternbilder, die er Stück für Stück durchgeht, schließt er jeweils einen Abschnitt an, der meist mit den Worten einsetzt *wa-l-ʿarab tusammī* „die [echten] Araber, Beduinen nennen ...“, und worin er jeweils dahingehörige arabische Sternnamen aufführt und die damit bezeichneten Sterne genau mit bestimmten ptolemäischen Sternen identifiziert. Mit dieser minutiösen Arbeit hat Ṣūfī nicht nur uns eine wichtige Handhabe zum Verständnis des arabischen Sternhimmels hinterlassen, sondern auch der arabischen Literatur ein für allemal ein Himmelsbild gezeichnet, an dem fortan unverändert festgehalten wurde. Wenn hernach je ein jüngerer Astronom, Autor, Astrolabmacher oder sonst einschlägig Interessierter ein Gestirn nicht mit der ptolemäischen Definition bezeichnen wollte, sondern mit einem echtarabischen Namen, so folgte er der von Ṣūfī vorgegebenen Identifizierung. Andererseits wird sich erweisen, daß Ṣūfī seinen Quellen gegenüber zu wenig Distanz besaß und durch seine exakte Kanonisierung Namen zu realer Existenz verhalf, die ursprünglich nur in der Welt der Dichtung als Bilder, Vergleiche, Epitheta existierten.

Später gab auch der universelle Bīrūnī in seinem *Kitāb at-tafhīm li-awāʾil ṣināʿat at-tanǧīm* (geschrieben 1029; ediert R. Wright, London 1934) § 163 eine gedrängte Übersicht über die Sternnamen der Araber, für die er neben Ṣūfī auch ältere Originalquellen verwandt hat (cf. den von ihm gebotenen Namen *al-ǧawārī* [unten nr. 105], der bei Ṣūfī fehlt), die aber auf jeden Fall im wesentlichen nach Ṣūfī orientiert ist; § 160 wird Ṣūfī auch eigens als Autorität genannt.

Der Grammatiker Marzūqī (gest. 1030) gab in seinem *Kitāb al-azmina wa-l-amkina* (ed. Ḥaydarābād 1332) 2, p. 369—383 eine Darstellung der bekannten arabischen Gestirne nach Art der arabischen Philologen; doch erwähnt er an anderer Stelle (1, 197, 14) Ṣūfī als Autorität, dürfte also auch hier nicht unabhängig von ihm sein.

Schließlich hat auch Qazwīnī (gest. 1283) die Beschreibung der arabischen Gestirne in seiner Kosmographie gekürzt von Ṣūfī übernommen.

Wir finden also nur éinen astronomischen Autor, der selbständige Untersuchungen über die Sternnamen der Araber angestellt und sich darüber mit ziemlicher Entschiedenheit geäußert hat. Wir müssen jetzt untersuchen, woher er seine Kenntnisse der arabischen Gestirne hatte und ob es außerhalb der Astronomie eine Beschäftigung mit diesem Gegenstand gab.

2. *Lexikographisch-philologische Quellen*

Für jeden mit der arabischen Geistesgeschichte auch nur oberflächlich Vertrauten wird es selbstverständlich sein festzustellen, daß es außerhalb der Astronomie solche Beschäftigung durchaus gegeben hat, und zwar bei den Philologen. Diese haben in ihrem Bestreben, das ihnen vorliegende Material an arabischer Literatur zu sammeln und zu kanonisieren, auch dem einen Platz eingeräumt, was etwa bei den alten Arabern die Stelle der später von außen her eingedrungenen wissenschaftlichen Astronomie ausfüllte. Die Ergebnisse dieser Sammeltätigkeit faßten sie in Monographien zusammen, die unter der Bezeichnung *kutub al-anwā'* ,,anwā'-Bücher" im Orient und in der Orientalistik bekannt geworden sind (cf. das Autorenverzeichnis von NALLINO, *Raccolta* 5, p. 188—191).

Solche *kutub al-anwā'* waren es auch, in denen Ṣūfī das Material für seine Darstellung vorfand. In seinem Vorwort (p. 7) nennt er die *anwā'*-Bücher dreier Autoren als Quelle seiner Informationen. ,,Das vollkommenste und vollständigste dieser Art" *atammuhā wa-akmaluhā fī fannihī* sei dasjenige von Abū Ḥanīfa ad-Dīnawarī (gest. 895); dieser zitiere auch aus Ibn al-Aʿrābī und Ibn Kunāsa. Es wird weiter unten davon zu sprechen sein, wieweit Ṣūfī mit diesem Material sachgerecht umgegangen ist.

Abū Ḥanīfas *anwā'*-Buch ist leider, soweit bisher bekannt, nicht erhalten. Material daraus ist später außer von Ṣūfī auch sonst noch vielfach weiterbenutzt worden. So stellen Ibn Sīda, *Muḫaṣṣaṣ* 9, 10ff. und Marzūqī 1, 184ff. ihre Mondstationenbeschreibungen weitgehend hiernach zusammen. Diejenige in Qazwīnīs Kosmographie (ed. WÜSTENFELD p. 41—52) stimmt weithin wörtlich mit Passagen bei Ibn Qutayba überein; beide dürften sich im wesentlichen auf dieselbe Vorlage gestützt haben. Auch Farġānīs frühe Liste stimmt sachlich meist mit den aus den *anwā'*-Büchern bekannten Formulierungen überein. Dagegen die Mondstationenbeschreibungen bei Bīrūnī, *Āṯār* (ed. SACHAU, p. 336ff.) sind in Bīrūnīs eigenen Formulierungen gehalten; als Quellen erwähnt er al-Kulṯūmī, Ibrāhīm b. as-Sarī az-Zaǧǧāǧ, Abū Yaḥyā b. Kunāsa, Abū Ḥanīfa ad-Dīnawarī, Abū Muḥammad al-Ǧabalī (i. e. Ibn Qutayba): *fī ʿilm manāẓir an-nuǧūm* [cf. *Kitāb al-anwā'*, Vorwort PELLAT p. 29 und 39f.], sowie das Fixsternbuch von aṣ-Ṣūfī.

Marzūqīs Darstellung der bekannten arabischen Gestirne (2, 369—383) ist ebenfalls in wesentlichen Teilen ausdrücklich aus Abū Ḥanīfa entnommen.

Alle diese *anwā'*-Bücher sind leider wahrscheinlich verloren bis auf dasjenige des Philologen Ibn Qutayba (gest. 884), das jüngst von PELLAT in der Dā'irat al-Maʿārif al-ʿUṯmānīya ediert worden ist[1]. Unbeschadet des ungeklärten Verhältnisses dieses Buches zu dem des ebenfalls und

[1] Im folgenden immer nur kurz zitiert als Ibn Qutayba.

etwa gleichzeitig in Dīnawar lebenden Abū Ḥanīfa[1] darf man annehmen, daß Ibn Qutaybas erhaltenes *anwā'*-Buch nach Aufbau und Inhalt allen jenen alten *anwā'*-Büchern annähernd gleicht. Es enthält als Hauptstück die ausführliche Beschreibung der achtundzwanzig Mondstationen, innerhalb deren auch alle anderen in ihrer Nähe stehenden Gestirne mitbeschrieben werden, ferner Abschnitte über andere astronomische und meteorologische Gegenstände, sowie einen Abschnitt über die bekannten Fixsterne, worin, wie sich zeigt, diejenigen Sterne beschrieben sind, die zu weit von der Ekliptik nach Norden oder Süden abweichen, als daß sie noch im Zusammenhang mit irgendeiner Mondstation beschrieben werden könnten.

Hierneben gab es eine andere Art von *anwā'*-Büchern, die einen bloßen Kalender darstellen, der für jeden Tag des Monats ein bestimmtes Ereignis aus dem jährlichen Lebensablauf sowie von Zeit zu Zeit den Auf- oder Untergang bestimmter bekannterer Sterne anzeigt (z.B. *Liber anoe* von 961, ed. Dozy, *Le Calendrier de Cordoue*, Leiden 1873). In deren Nähe gehören auch in neuer Zeit die kalendarischen Systeme, die Glaser und Serjeant aus Südarabien und andere aus dem Sūdān mitteilen.

Es ist von wesentlichem Interesse, festzustellen, daß das, was wir als „Sternnamen der Araber" kennen, im Grunde aus den Sammlungen der *anwā'*-Bücher stammt. Hierauf geht Farġānīs Liste zurück; von hier hat Ṣūfī die Namen entnommen, ihnen von sich aus nur die exakten astronomischen Identifizierungen beigefügt und sie so in die astronomische Terminologie eingeführt. Von hier haben auch die Verfasser der Nationallexika ihre meist stark gekürzten und im Verlaufe der Entlehnungskette oft bis zur Unkenntlichkeit entstellten[2] Zitate. Von hier haben schließ-

---

[1] Bīrūnī hat, wie seine oben wiedergegebene Quellenaufzählung beweist, die Bücher der beiden Philologen als nebeneinander bestehende, selbständige Werke betrachtet.

[2] Z.B. der *Qāmūs* s. v. *qwd* über einige Sterne von *banāt naʿš*: *wa-l-awwal min banāt naʿš aṣ-ṣuġrā allaḏī huwa āḫiruhā qā'id wa-ṯ-ṯānī ʿanāq wa-ilā ǧānibihī qā'id ṣaġīr wa-ṯānīhi ʿanāq wa-ilā ǧānibihī ṣ-ṣaydaq wa-huwa s-suhā wa-ṯ-ṯāliṯ al-ḥawar* „der erste [Stern] von banāt naʿš aṣ-ṣuġrā [sic statt *al-kubrā*], der ihr äußerster ist, [heißt] qā'id, und der zweite ʿanāq, und neben ihm ist ein kleiner qā'id [sic statt *kawkab* ‚Stern'] (und der zweite davon ist ʿanāq und neben ihm ist) [namens] aṣ-ṣaydaq, das ist as-suhā, und der dritte ist al-ḥawar". Hier sind durch Kopisten so viele Fehler und Entstellungen und Wiederholungen eingedrungen, daß man den Text nur mit genauester Sachkenntnis noch restituieren kann; als „Lexikon" zur Information ist die Stelle unkorrigiert überhaupt nicht zu gebrauchen. Der *Tāǧ* II 478, 1 ff übernimmt und kommentiert diesen korrupten Text; dabei wird der Fehler *aṣ-ṣuġrā* (statt *al-kubrā*) erkannt und korrigiert; dagegen der Fehler *al-qā'id* (statt *kawkab*) sowie der wiederholende Einschub danach sind unbeanstandet übernommen. Infolge eines unerkannten taṣḥīf (*al-qawā'id* [sic, aufgefaßt als plur. zu dem zuvor besprochenen *qā'id*] statt *al-ʿawā'iḏ*) wird dann sogar in falscher Verknüpfung mit *qā'id* die Beschreibung der Sterngruppe *al-ʿawā'iḏ* (unten nr. 42) und *ar-rubaʿ* (nr. 253) angeschlossen. So ergeben sich aus vorgefundenen, unerkannt fortüberlieferten Fehlern zusätzlich nahezu zwangsläufig weitere neue.

lich alle, die irgend etwas über Sternnamen äußern wollen — etwa die Korankommentare zu Sūre 53, v. 49 = 50 — durch irgendwelche Zwischenkanäle ihre Informationen.

Die Frage nach dem Charakter der Namen ist daher in engstem Zusammenhang mit der Beobachtung der Methoden der *anwā'*-Autoren bei der Aufstellung ihrer Sammlungen zu beantworten.

C. Die *anwā'*-Bücher und ihr Material

1. Aufbau

Um die ältesten Sternnamensammlungen der arabischen Philologen und ihre Anlage zu beobachten, haben wir wie gesagt vor allem Ibn Qutaybas erhaltenes *anwā'*-Buch, sowie von Abū Ḥanīfa die Relikte bei Ṣūfī, Ibn Sīda, Marzūqī, Bīrūnī, ferner die Liste bei Farġānī. Hierzu kommen die zahlreichen Zitate aus Ibn Kunāsa, Ibn al-Aʿrābī, Abū ʿAmr, Abū ʿUbayd, Ibn Durayd, az-Zaǧǧāǧ und anderen, die sowohl die vorgenannten Autoren als auch spätere Lexikographen (und zwar kaum direkt, sondern ebenfalls über die gängigen Standardwerke) bringen. Hier bewegt man sich jedoch schon in einem kaum noch greifbaren Bereich; die Isnāde zur gleichen Überlieferung weichen bei den Autoren voneinander ab (cf. z.B. Abū ʿUbayd bzw. Abū ʿAmr zu *al-ġamūṣ*, oder die häufigen Fälle von Ibn Kunāsa-Zitaten, die anderenorts nur auf *qawm* ,,Leute" zurückgeführt werden). Man tut also gut, sich im wesentlichen an die relativ besser prüfbaren Angaben von Abū Ḥanīfa und Ibn Qutayba zu halten.

Bevor man an die Berichte der *anwā'*-Bücher über die Sternnamen der Araber herangeht, muß zunächst einmal festgehalten werden, daß selbst sie, die arabischen Philologen, die das Erbe der alten Sprache mit unerschütterlichem Purismus verwalten, doch durchaus Kenntnis hatten von der durch Übersetzungen eingeführten wissenschaftlichen Astronomie. Sie sind also genötigt, häufig *al-ʿarab* ,,die echten Araber, Beduinen" abzugrenzen gegen *al-munaǧǧimūn*, *aṣḥāb al-ḥisāb* (Ibn Qutayba 2, 2), *aṣḥāb an-nuǧūm* (Ibn Qutayba 81, 16), *aṣḥāb al-arṣād* (Ṣūfī 14, 15), *ahl al-qiyās wa-r-raṣd* (Ibn Manẓūr, *Kitāb niṯār al-azhār* 174, 15), unter welchen Bezeichnungen sie die wissenschaftlichen Astronomen aufführen. Ganz sauber ist die Trennung nicht immer durchgeführt: sowohl die *anwā'*-Autoren als auch Ṣūfī führen etliche Sternnamen unter den echtarabischen auf, die mit überwiegender Wahrscheinlichkeit griechisch-ptolemäischen Ursprungs sind (*aḏ-ḏakar*, unten nr. 77; *al-ʿannāz*, nr. 35; *al-ǧadyān*, nr. 104; *ḥāris aš-šamāl*, nr. 121a; *kalb al-ǧabbār*, nr. 140; *mankib al-ǧawzā'*, nr. 158; *minṭaqat al-ǧawzā'*, nr. 162; *sayf al-ǧabbār*, nr. 266; cf. auch *al-bāṭiya*, nr. 61; *al-faras al-kāmil*, nr. 89; *al-ḥayya*, nr. 123; *al-ḥūt*, nr. 126a, b und *as-safīna*, nr. 259).

Im Vorwort widmet Ṣūfī mehrere Seiten (7—14) einer kritischen Auseinandersetzung mit Abū Ḥanīfa, dem er hauptsächlich vorzuwerfen hat, daß er in vielen Fällen den Unterschied zwischen wissenschaftlich-ptolemäischer und beduinisch-arabischer Astrothesie nicht genügend berücksichtigt habe. Der Vorwurf ist berechtigt, nur muß er auch auf Ṣūfī selbst ausgedehnt werden. Denn dieser hat sich so stark auf die ptolemäische Terminologie eingestellt, daß er in vielen Fällen nicht bemerkt, daß die kritisierten arabischen Philologen sich in einem anderen terminologischen Bereich bewegen, eben im arabischen, nichtptolemäischen. Das führt natürlich auf seiner Seite zu gelegentlichen Mißverständnissen gewisser arabischer Überlieferungen.

Von arabischen Gestirnen stehen im Mittelpunkt der Darstellung die Mondstationen *manāzil al-qamar* (siehe *Sternnamen* p. 53ff.). Zu ihrer Beschreibung sind keine allzugroßen astronomischen Voraussetzungen erforderlich. Es wird listenförmig mit *aš-šaraṭān* (nr. 286) als erster Station begonnen, die als bekannt vorausgesetzt wird; hinzugefügt wird stets, aus wieviel Sternen jede Station besteht. Ihre Lage wird meist definiert in Beziehung auf die nächstvorangehende Station, d. h. die folgende ist einfach *ʿalā iṯri* „hinter" der vorangehenden. Die erhaltenen Beschreibungen bei Ibn Qutayba; Ibn Sīda, *Muḫaṣṣaṣ* 9, 10ff. = Marzūqī 1, 189ff. (aus Abū Ḥanīfa); Farġānī; Qazwīnī, Kosmographie ed. Wüstenfeld p. 41ff.; Ibn Manẓūr, *Kitāb niṯār al-azhār*, Konstantinopel 1298, p. 174 ult. ff. und die entsprechenden Stellen bei Ṣūfī stimmen sachlich meist, häufig passagenweise sogar im Wortlaut überein. Man kann daraus entnehmen, daß deren Formulierungen bereits in früher Zeit, vor Ibn Qutayba (und Abū Ḥanīfa) weitgehend feststanden und dann im Prinzip unverändert weitergegeben wurden. Nur Bīrūnī fällt aus der Einheitlichkeit heraus und prägt für seine Beschreibungen eigene Formulierungen.

Das ganze Mondstationensystem ist ein fest umrissener Kreis in Ekliptiknähe von achtundzwanzig etwa gleichweit voneinander entfernten Punkten, die der Mond in seinem Monatsumlauf passiert, und so ist von vornherein hierdurch die in Frage kommende Himmelsgegend im groben „definiert". Für eine genaue „Identifizierung" reichen diese Definitionen aber nur aus, wenn es sich eben um auffällige, gut definierbare Gestirne handelt, wie etwa die Plejaden, α Tauri u. ä. In anderen Fällen, wie gerade z. B. bei *aš-šaraṭān*, ist bei bestem Willen eine einwandfreie Identifizierung nicht möglich, weder einst Ṣūfī, noch heute uns.

Sonstige ekliptiknahe, nicht zu den Mondstationen gehörende Gestirne werden im Zusammenhang mit derjenigen Station beschrieben, in deren Nähe sie stehen.

Andere Gestirne, die von der Ekliptik soweit entfernt sind, daß sie schlecht im Zusammenhang mit einer Mondstation beschrieben werden können, führt Ibn Qutayba 145ff. in einem eigenen Abschnitt *ḏikr mašāhīr al-kawākib wa-mā dānāhā* „Darstellung der bekannten Sterne und dessen, was in ihrer Nähe ist" auf; ähnlich das stark auf Abū Ḥanīfa basierende Kapitel 63 bei Marzūqī 2, 369—383 *fī mašāhīr al-kawākib allatī tusammā t̠-t̠ābita* „Über die bekannten unter denjenigen Sternen, die man Fix[-sterne] nennt".

2. *Definierung und Identifizierung*

Von allen diesen Gestirnen gibt der *anwā'*-Autor den Namen, die Anzahl der Sterne, aus denen sie bestehen, sowie eine Definierung der Lage, die sie am Himmel einnehmen. Diese Definierung geschieht regelmäßig durch Beziehung auf irgendein besonders bekanntes oder gerade zuvor definiertes Gestirn vermittels einer Präposition (wie *bayna . . . wa-bayna*; *asfal, taḥt*; *ʿan yamīn, ʿan yasār*; *fawq*; *ḥiyāl, ḥiḏā'*, *bayna yaday, izā'*; *amām, quddām*; *ʿalā it̠ri, warā'*, *ḫalf*) oder einer ähnlichen Formulierung (*yastaqbilu* „steht gegenüber"; *maʿahū* „bei ihm"; *qarīb minhu* „dicht bei ihm"; *hunāka* „dort ist . . ."; *fī maǧrā* „in der Bahn [= Deklination]"). Solche Angaben sind natürlich recht ungenau, aber einerseits hatte der Philologe kein genaueres Bezugssystem zur Verfügung, und zum anderen muß ihm nichts Näheres an Realien vorgelegen haben, woraus er genauere Begrenzungen hätte ableiten können. Darüber wird im Folgenden noch zu sprechen sein.

Von einer Identifizierung läßt sich erst dann reden, wenn ein Name mit ganz bestimmten eindeutig festgelegten Sternen gleichgesetzt wird. Dieser Aufgabe hat sich mit großer Sorgfalt Ṣūfī unterzogen und eine große Anzahl arabischer Sternnamen mit bestimmten Sternen aus den 1025 im Almagest von Ptolemäus fixierten identifiziert. Wir erkennen aus der Anlage der *anwā'*-Bücher, wie sie uns in den mehrfach genannten Beispielen sichtbar wird, daß Ṣūfī hierbei regelrechte Forschungsarbeit geleistet hat, indem er versuchte, verschwommene Grammatikerüberlieferungen in der realen Welt nachzuweisen und zu lokalisieren. Andererseits wird die Sicherheit, mit der bisher Ṣūfīs Aussagen über arabische Sternnamen als hauptsächlich, wenn nicht allein maßgeblich hingenommen wurden, grundsätzlich erschüttert. Denn Ṣūfī hat für seine Aussagen keine anderen Grundlagen gehabt als die schwachen Definierungen der Grammatiker, die auch wir heute in einigen *anwā'*-Bücherresten nachlesen können. So können wir etwa von den gleichen Grundlagen her, von denen Ṣūfī selbst ausging, seine Identifizierungen prüfen und dabei zu einem grundsätzlichen Urteil über Ṣūfīs Anteil an der Konservierung der alten arabischen Sternnamen gelangen. Ṣūfī ist sehr ehrlich und gibt an verschiedenen Stellen zu (z. B. *ḥaḏāri* und *al-wazn* [cf. nr. 118], *al-birǧīs* und *al-mrǧf* [cf. nr. 66]), daß er die bewußten Gestirne auf Grund der ihm vorliegenden Überlieferungen der Philologen nicht eindeutig identifizieren könne. An anderen Stellen (besonders *aṣ-ṣuradān*, nr. 281, und *az-ẓalīmān*, nr. 327 und 328) hat er die Überlieferungen offensichtlich falsch ausgewertet, wie Vergleiche mit Ibn Qutayba und Abū Ḥanīfa/Marzūqī zeigen. Gelegentlich kann er gewisse Überlieferungen nicht verstehen und versucht, sie zu besserem Verständnis zu „korrigieren“ (z.B. bei *al-iklīl* [nr. 134a, b], was schon Bīrūnī zu spöttischer Kritik hinriß: *Āṯār*, ed. SACHAU p. 345, unter *al-iklīl*). Auf die Folgerungen, die sich hieraus bei der endgültigen Bewertung des Ṣūfī für uns ergeben, werde ich unten in anderem Zusammenhang noch zu sprechen kommen.

3. Herkunft der Namen

Wir haben als letzten Endes allen Aussagen über arabische Sternnamen zugrunde liegende Quelle die *anwā'*-Bücher ermittelt. Es bleibt zu fragen, woher diese ihr Material genommen haben, und ob wir über die *anwā'*-Bücher hinaus in den vorauszusetzenden Raum vorstoßen können, in dem der eigentliche aktive Gebrauch dieser Namen angenommen werden muß.

a) Eigene Anschauung

Eine naheliegende Annahme wäre, daß ein Philologe, der ein Buch über die bei den Arabern gebräuchlichen Sternnamen zusammenstellen will, zu den Arabern in die Wüste geht und sich eben dort umhört und Material sammelt. Diese Methode hatte sich in der arabischen Philologie angeblich prinzipiell eingebürgert, die Beduinen galten grundsätzlich als zuverlässigste Hüter des echten alten Spracherbes. Und so ist es zunächst aus mehr als einem Grunde nicht unerwartet, daß sich etwa bei Ibn Qutayba zwei Stellen finden, an denen er förmlich erzählt, wie er in die Wüste gegangen sei: „Ein Mann von den aʿrāb [echten Arabern, Beduinen] begleitete mich nachts in die Wüste, und ich hub an, ihn zu fragen nach den Wohnstätten einiger Beduinenstämme und ihren Wasserplätzen, und er zeigte mir jeden einzelnen + [Text: *ḍiyā'* „Lichterglanz“ („Lagerfeuerschein“?); *wa-qāla l-Ālūsī* „*laʿallahū l-ḫibā'*“] vermittels eines Sterns. Manchmal zeigte er auf den Stern und nannte ihn mit Namen, manchmal sagte er zu mir: ‚Siehst Du ihn?‘, manchmal sagte er zu mir: ‚Wende Dein Gesicht nach jenem Stern dort!‘, das heißt: Richte Deinen Weg nach jenem Stern, so daß Du zu ihnen gelangst“ (2, 14—3, 3). Dann führt er weiter aus, wie die Beduinen die Sterne als wichtigstes Orientierungselement brauchten, um sich bei ihren nächtlichen Fahrten zurechtzufinden. An einer anderen Stelle (63, 4) zitiert er im Zusammenhang mit *ʿarš as-simāk* (nr. 40) einen Vers von Mu'arriǧ, worin der Ausdruck *ʿarš an-naǧm* vorkommt, der eigentlich „Thron der Plejaden“ bedeutet; diese Benennung verstößt jedoch gegen die auf Ibn Kunāsa zurückgeführte Hauptüberlieferung; dazu sagt Ibn Qutayba:

„Meine Meinung ist, daß sich die Sache so verhält, wie Ibn Kunāsa sagt. Denn ich habe ʿarš as-simāk [den Thron des simāk] hell und deutlich gesehen, dagegen bei den Plejaden sah ich keinen Thron." Diese beiden Stellen, vor allem die zweite, scheinen zu beweisen, daß Ibn Qutayba tatsächlich in die Wüste gegangen sei, um Sternnamen zu sammeln, oder zumindest selbst Himmelsbeobachtung getrieben habe.

Andererseits muß man befürchten, daß es sich hier um einen bloßen Topos handelt, der gar nichts Reales zu besagen hat. Ein Lexikograph, der klassische Sprachgebräuche zusammentragen will, hat dies einfach bei den Beduinen zu tun. Daß er aber im neunten Jahrhundert aus Baġdād tatsächlich in die Wüste gezogen sein soll, um dort Material zu sammeln, will wenig einleuchtend erscheinen. Diesen Zweifel bestätigt Ibn Qutayba selbst, indem er an anderer Stelle (4, 4—6) über die Herkunft seines Materials sagt: „Ich habe in diesem Buch alle Aspekte dieses Gegenstandes aufgezeichnet. Einiges erfuhr ich durch Belehrung [*bi-t-tawqīf*], einiges durch Schließen [*bi-l-iʿtibār*], und einiges zog ich heraus aus der Poesie . . ." Keine dieser drei Herkunftsangaben läßt auf eigene Himmelsbeobachtung durch Augenschein (*ʿiyānan*, Ṣūfī 7, 15), geschweige denn Nachfrage bei den Beduinen schließen; wir haben es mit einer reinen Schreibtischgelehrtenarbeit zu tun.

In bezug auf Abū Ḥanīfa ist unter diesem Aspekt ein kurzer Bericht Ṣūfīs interessant (8, 15—20): „Ich glaubte ständig von Abū Ḥanīfa, er hätte praktische Erfahrung in der Wissenschaft der Sternkunde und Himmelsbeobachtung besessen. Im Jahre 335 [= 946/7, rund sechzig Jahre nach Abū Ḥanīfas Tod] hielt ich mich in Begleitung des Meisters Abū l-Faḍl Muḥammad b. al-Ḥusayn — Gott lasse ihn lange leben — in Dīnawar auf, und er stieg in seinem [scil. Abū Ḥanīfas] Haus ab. Eine Gruppe von Scheichen erzählte mir, er [scil. Abū Ḥanīfa] habe viele Jahre lang auf dem Dach dieses Hauses die Sterne beobachtet. Als aber sein Buch erschien und ich prüfte, was er darin niedergelegt hatte, stellte ich fest, daß er sich nur mit der Untersuchung des Offenkundigen, Bekannten an den Sternen beschäftigt hatte und mit dem, was er in den anwā'-Büchern über die Mondstationen und dergleichen vorgefunden hatte." Hier ist vom Hinausgehen in die Wüste und Befragen der Beduinen gar keine Rede mehr; nur noch ein Beobachten vom Hausdach her wird vermutet, aber nicht einmal das findet Ṣūfī durch den Inhalt von Abū Ḥanīfas *anwā'*-Buch bestätigt.

b) *Sammlung aus der Literatur*

Die Erwartung, daß das Material in den *anwā'*-Büchern durch unmittelbare Umfrage in Verbindung mit eigener Anschauung zusammengetragen sei, wird also durch die Berichte der Araber selbst enttäuscht.

Dann bleibt als einzige Möglichkeit zur Erklärung seiner Herkunft, daß es in reiner Schreibtischgelehrtenarbeit aus der vorliegenden Literatur, das heißt vor allem der „klassischen" Poesie, herausgezogen worden ist. So weisen die Äußerungen der *anwāʾ*-Autoren explicite auf die alte Poesie als Herkunftsquelle ihres Materials hin: s. o. Ibn Qutayba; derselbe auch *Adab al-kātib*, ed. Grünert p. 96f., am Ende des Sternkapitels: *fa-hāḏihī l-kawākib wa-manāzil al-qamar wa-mašāhīr al-kawākib allatī taḏkuruhā l-ʿarab fī ašʿārihā* „Das sind die Sterne und Mondstationen und bekannten [Fix-]Sterne, die die Araber in ihrer Poesie erwähnen"; Ṣūfī 7, 12 über Abū Ḥanīfas *anwāʾ*-Buch: *fa-innahū yadullu ʿalā maʿrifa tāmma bi-l-aḫbār al-wārida ʿan al-ʿarab fī ḏālika wa-ašʿārihā wa-asǧāʿihā* „Es beweist seine vollkommene Kenntnis in den von den Arabern her überkommenen Überlieferungen hierüber und ihrer Poesie und Reimprosa ..."

Diese Deduktion wird in vielen Fällen durch die Beschaffenheit des Materials selbst nachdrücklich gestützt, wie sogleich zu zeigen ist.

Erweist sich aber, daß das eigentliche Gebrauchsfeld der Sternnamen vor den Sammlungen der *anwāʾ*-Autoren im wesentlichen die Poesie ist, so wird uns das zu gewissen Einschränkungen der bisher geltenden Meinung vom Reichtum „der Araber" an Sternnamen zwingen.

4. Uneigentliche Namen rein literarischer Natur

Wenn man von Sternnamen der Araber spricht, möchte man darunter die Namen verstehen, die die Araber schlechthin bekannten Gestirnen gaben und die unter ihnen allgemein verbreitet gewesen sein müßten, das heißt also feststehende ausgesprochene Eigennamen. Was uns die *anwāʾ*-Autoren jedoch überliefern, erfüllt diese Bedingung durchaus nicht immer. Es scheint vielmehr, als hätten sie aus ihren Quellen, also im wesentlichen der überlieferten altarabischen Poesie, grundsätzlich alles aufgenommen, was auch nur im entferntesten Beziehung zu Sternen hatte, ohne in jedem Fall wirklicher Eigenname zu sein. Es gibt zahlreiche Belege, an denen sich solche methodischen Verstöße ganz klar ablesen lassen.

Ibn Qutayba 153, 11ff.: *wa-yusammā suhayl kawkab al-ḫarqāʾ qāla š-šāʿir: iḏā kawkabu l-ḫarqāʾi lāḥa bi-suḥratin * suhaylun ...* „suhayl wird auch ‚Stern der ḫarqāʾ [= Wüste]' genannt; der Dichter sagt: ‚Wenn der Stern der ḫarqāʾ kurz vor der Morgendämmerung erstrahlt, * suhayl ...'" (dieselbe Notiz bei Marzūqī 2, 381, 19, wahrscheinlich aus Abū Ḥanīfa). In dem zitierten Vers ist *kawkab al-ḫarqāʾ* „Stern der Wüste" nichts anderes als ein poetisches Epitheton zu dem bekannten Sternnamen *suhayl*, das zur Ausmalung eines Bildes dient. Spätere Philologen haben offenbar den Zusammenhang besser durchschaut als Ibn Qutayba, denn keiner führt irgendwann einmal den Ausdruck „Stern der ḫarqā'" als Eigennamen für *suhayl* an.

Ähnlich liegt der Fall bei *al-faḥl* (nr. 84). Hier hat nicht einmal der zitierte Vers selbst, sondern Ibn Qutaybas (bzw. des Scholions) beigefügte Glosse das Wort *al-faḥl* geliefert, das spätere Lexikographen dann regelrecht als Eigennamen für *suhayl* aufbewahrt haben.

Gelegentlich wurden Gruppen von drei Sternen in der Anordnung eines kleinen engen Dreiecks verglichen mit *aṯāfī*, (drei) Herdsteinen, cf. nr. 17, 18, 19. Obwohl diese Gruppen an sich Eigennamen besaßen wie *an-nasr al-wāqiʿ* (nr. 195a) oder *al-haqʿa* (nr. 115a, b), wird allmählich auch der bloße Vergleich als Eigenname auf sie angewendet. Im Falle *an-nasr al-wāqiʿ* ist es erst Ṣūfī, der den bei Ibn Qutayba nur als poetischen Vergleich gegebenen Ausdruck als regelrechten Eigennamen einführt; bei *al-haqʿa* gibt Ibn Qutayba den Ausdruck zweimal ausdrücklich nur als Vergleich, während dagegen bereits Abū Ḥanīfa (bei Ibn Sīda und Marzūqī) und dann natürlich Ṣūfī ihn als Eigennamen aufführen.

Sehr eindrucksvoll ist auch das Beispiel des Ausdrucks *al-furūd* (nr. 101), der eigentlich nur in einem Vers als ausgestaltendes und ausmalendes Epitheton zu *ḥaḍāri* auftritt, woraus aber bereits die *anwā'*-Autoren einen regelrechten Eigennamen gemacht haben, um dessen Identifizierung sich später Ṣūfī gewaltig, aber doch vergeblich bemüht.

Die spekulative Bildhaftigkeit gewisser sogenannter Sternnamen tritt ferner bei *qaws al-ǧawzā'* (nr. 225) in Erscheinung, wie sich Adham b. ʿImrān al-ʿAbdī bei Ibn Qutayba die sonst *al-hanʿa* (nr. 114) genannten Sterne ausmalt.

Eine rein poetische Kunstform ist auch *ʿayyūq aṯ-ṯurayyā* (nr. 48) „der ʿayyūq der Plejaden". Beide Worte, *al-ʿayyūq* (nr. 47) und *aṯ-ṯurayyā* (nr. 306), sind selbständige uralte Eigennamen für *α* Aurigae bzw. die Plejaden. Es würde dem Wesen des Eigennamens widersprechen, dem einen der beiden Gestirne im allgemeinen Gebrauch eine solche Kombination aus zwei unabhängigen Namen beizulegen. Lediglich der Dichter (Ḥātim aṭ-Ṭā'ī) nimmt sich für einen Vers das Recht dazu, um die zwischen beiden Gestirnen bestehende nachbarschaftliche Beziehung anzudeuten (Ibn Qutayba 34, 15).

Die Beschreibung der Sterne *aš-šā'* (nr. 282), *ar-rāʿī* (nr. 235) und *kalb ar-rāʿī* (nr. 141) bei Ibn Qutayba 149, 10—12 läßt ahnen, daß es sich hier eigentlich um ein poetisches Gebilde gehandelt haben muß, das am Himmel keinen festen Platz gehabt haben dürfte. Erst Ṣūfī unternimmt es, sie zu identifizieren und so in wahre Namen zu verwandeln.

Rein poetisch ist wieder die Kombination *haqʿat al-ǧawzā'* (nr. 115b). Alle mit *al-ǧawzā'* zusammengesetzten Namen stellen irgendwelche Bestandteile und Utensilien der *ǧawzā'* dar. *al-haqʿa* ist aber ein von *al-*

ǧawzā' völlig unabhängiger Name, den die fünfte Mondstation trug, die auf dem Kopf der *ǧawzā'* steht. Lediglich die örtliche Beziehung war der Anlaß für einen Dichter, den Ausdruck *haqʿat al-ǧawzā'* „die in der ǧawzā' [stehende] haqʿa“ zu prägen.

Daß der bekannte Name *al-ġumayṣā'* des Prokyon nach Abū ʿAmr auch in der Form *al-ġamṣā'* (nr. 110) gebraucht wurde, ist nichts anderes als eine poetische Lizenz aus metrischem Zwang.

Eine andere Gruppe uneigentlicher Namen besteht aus sekundären Ausgestaltungen ursprünglicher Eigennamen. So wurden zu *al-qalb* (nr. 216a) hinzuerfunden die „Schlagadern“ *an-niyāṭ* (nr. 205), zu *(as-simāk) ar-rāmiḥ* (nr. 270) die „Lanze“ *ar-rumḥ* (nr. 254, 255), zu *saʿd aḏ-ḏābiḥ* (nr. 257, 5) das „Schlachtschaf“ *aš-šāt* (nr. 287). Auf wen diese Ausgestaltungen zurückzuführen sind, ist aus dem Material nicht unmittelbar zu entnehmen. Da man aber weiß, und auch speziell im Zusammenhang mit der Astrothesie eben wieder sehen konnte, daß die geistige Initiative in altarabischer Zeit vorwiegend bei den *šuʿarā'* „Dichtern“ lag — und nicht etwa bei irgendwelchen anonymen beduinischen Volkselementen —, so wird man auch hierfür die Poesie verantwortlich machen.

Alle diese und ähnliche Ausdrücke werden wir, solange sie nur an der einen Stelle, bei einem Autor, vorkommen, ebensowenig zu den „Sternnamen der Araber“ zählen, wie etwa JULIUS SCHILLERS christliche[1] oder ERHARD WEIGELS heraldische[2] Sternbilder zur gültigen abendländischen Astrothesie gehören — kuriose, mehr oder weniger originelle Einfälle, die nicht die Kraft besaßen, eingebürgerte traditionelle Vorstellungen zu verdrängen.

5. Echte ursprüngliche Namen

Für die wirklich echten ursprünglichen Sternnamen möchte man drei Kriterien ansetzen: sie müssen allgemein bekannt sein, das heißt also bei mehr als nur einem Dichter auftreten; sie sind unübersetzbar, haben keine eindeutige arabische Etymologie und wurden auch bereits von den Arabern selbst in historischer Zeit nicht mehr verstanden, worauf sich volksetymologische Deutungen oder ätiologische Sagen bildeten; sie bezeichnen nur bestimmte besonders auffällige Gestirne, die jeder oberflächlichen Beobachtung zugänglich sind und die etwa auch alle anderen Völker in ihren Überlieferungen kennen (cf. SCHERER für die Indogermanen).

Hierzu wären von den über dreihundert unten aufgeführten Namen nur etwa folgende zu rechnen: *al-ʿayyūq* (nr. 47), *banāt naʿš* (nr. 55),

---

1) *Coelum Stellatum Christianum*, Augsburg 1627.

2) *Heraldica coeli facies*, Nürnberg 1686.

ad-dabarān (nr. 69), *al-fakka* (nr. 85), *al-kaffān* (nr. 136, 137), *al-mirzamān* (nr. 164, 165), *an-nasrān* (nr. 194, 195), *as-suʿūd* (nr. 257, 1—10), *as-simākān* (nr. 269, 270), *as-suhā* (nr. 271), *suhayl* (nr. 272), *aš-šiʿrayān* (nr. 289, 290), *aṯ-ṯurayyā* (nr. 306); dazu von den Tierkreiszeichen vor allem *al-ǧawzāʾ*, s. u. p. 23ff.

Wie man sieht, handelt es sich hauptsächlich um Einzelsterne erster Größe, auffällige Sternpaare oder größere Gebilde wie *banāt naʿš* und *al-fakka* oder Sternhaufen wie *aṯ-ṯurayyā*, die Plejaden. Sie sind es, auf die der Blick jedes Himmelsbetrachters zuerst fällt und von denen jede Sternbeobachtung ihren Ausgang nimmt. So gehören sie zum astrothetischen Grundbestand nicht nur bei den Arabern, sondern in allen Kulturen.

Das hohe Alter dieser Namen wird weiter dadurch unterstrichen, daß ihre Bedeutung längst vergessen ist und sie in historischer Zeit Gegenstand endloser etymologischer Spekulationen werden. Im Hinblick auf die arabischen Namen besonders ist es interessant und bedeutungsvoll, daß ihre Ursprünge in manchen Fällen bis ins Babylonische, ja Sumerische zurückzureichen scheinen (cf. Hommel, ZDMG 45 [1891], 592ff.). Das macht zugleich ihre spätere Unverständlichkeit um so eher erklärlich.

Ihre Verbreitung reichte weithin durch die alte Poesie (cf. Hommel a. a. O.). Nicht nur ein Dichter benutzte einmal diesen, einmal jenen, sondern alle scheinen sie gekannt zu haben. Auch Sprichwörter entstanden, auf einige dieser Sternnamen bezogen. Ebenso scheint die ätiologische Sage über *suhayl*, *al-ǧawzāʾ*, *al-ʿabūr* und *al-ġumayṣāʾ* (Ibn Qutayba 47, 3ff.; Ṣūfī 288, 19ff.; 293, 8ff.), die nicht auf einen Dichter zurückgeführt und nicht in Versform dargestellt wird, volkstümlichen Ursprungs zu sein (Ibn Qutayba: die *ʿarab* in ihren *aḥādīṯ*). Selbst in den Koran fand einer, *aš-šiʿrā*, Eingang (Sūre 53, v. 49 = 50). So darf man wohl sagen, daß sie bis etwa zur Zeit Muḥammads bei den Arabern nahezu allgemeine Verbreitung gefunden hatten.

6. Tierkreisbilder und Mondstationen

Unabhängig von jenen ursprünglichen alten Namen wären die Tierkreisbilder und Mondstationen zu untersuchen. Beide Systeme sind offenbar durch Übernahme aus anderen Kulturen zu den Arabern gekommen.

An den Tierkreisbildern können wir beobachten, daß ihre Übernahme relativ alt sein muß. Bei der Übersetzung von Ptolemäus' Almagest wird in mehreren Namen nicht mehr das analoge arabische Element zu dem entsprechenden griechischen Namen erkannt, sondern neben dem hergebrachten älteren arabischen Ausdruck ein neues Wort für die Ptolemäusübersetzung geprägt.

Tierkreisbild	Griechischer Name	Älterer arab. Name	Arabischer Übersetzungsname
1. Widder	*Κριός*	*al-ḥamal*	—
2. Stier	*Ταῦρος*	*aṯ-ṯawr*	—
3. Zwillinge	*Δίδυμοι*	*al-ǧawzā'*	*at-taw'amān*
4. Krebs	*Καρκίνος*	*as-saraṭān*	—
5. Löwe	*Λέων*	*al-asad*	—
6. Jungfrau	*Παρθένος*	*as-sunbula*	*al-ʿaḏrā'*
7. Waage	*Ζυγός*	*az-zubānā*	*al-mīzān*
8. Skorpion	*Σκορπίος*	*al-ʿaqrab*	—
9. Schütze	*Τοξότης*	*al-qaws*	*ar-rāmī*
10. Steinbock	*Αἰγόκερως*	*al-ǧady*	—
11. Wassermann	*Ὑδροχόος*	*ad-dalw*	*ad-dālī; sākib al-mā'*
12. Fische	*Ἰχθύες*	*al-ḥūt*	*as-samakatān*

Wahrscheinlich ist dies Phänomen so zu erklären, daß es sich bei der Überlieferung der Tierkreisbilder um zwei parallele Überlieferungszweige handelt, einer im Norden bei den Griechen, der andere im Süden bei den Arabern, die auf einen gemeinsamen Ursprung zurückgehen. Einige bis ins Sumerische zurückreichende Namengleichungen legen nahe, diesen Ursprung in Mesopotamien zu suchen. Einmal vom Ursprung gelöst, haben sie im Verlauf ihrer Wanderung und bei ihren neuen Heimatvölkern gewisse Veränderungen durchgemacht. Insbesondere erscheinen bei den Griechen mehrere Gegenstandsbilder (Ähre, Bogen, Wasserschöpfeimer) durch Hinzufügung von Personen in Bilder von Lebewesen (Jungfrau, mit der Ähre in der Hand; Schütze, mit dem Bogen in der Hand; Wassermann, mit dem Krug in der Hand) verwandelt. Die Araber scheinen in der Nomenklatur konservativer gewesen zu sein und das Ältere getreuer erhalten zu haben.

Die Stellen der entsprechenden Bilder am Himmel haben die Araber offensichtlich nur recht undeutlich bewahrt — falls sie sie überhaupt je klar gekannt haben sollten. So weicht ihre Darstellung des Widders von der griechischen geringfügig ab; ihre *ǧawzā'*, die den Zwillingen entspricht, ist im Orion lokalisiert; über sie wie auch ihren Löwen wird unten eigens zu sprechen sein; ihr *dalw*, dem Wassermann entsprechend, ist im Pegasus lokalisiert; ihr *ḥūt*, den Fischen entsprechend, in der Andromeda. Auch hier scheint wieder durch, daß man die Tierkreisbilder mehr als literarisches Objekt denn als naturdeutendes, normierendes Hilfsmittel gekannt und benutzt hat. Zumindest einige der Tierkreisnamen, wie *al-ǧawzā'*, *al-asad* und *al-ʿaqrab*, dürften an Alter etwa den obengenannten echten Sternnamen nahekommen.

Herkunft und Entstehung des Systems der achtundzwanzig Mondstationen sind nach wie vor ebenfalls undurchsichtig (cf. HOMMEL, ZDMG 45 [1891], 598ff.; *Sternnamen* p. 53ff.). Wie HOMMELS Untersuchungen gezeigt haben, gehören die Namen der meisten Stationen zum bekannten Wortschatz der altarabischen Dichtung. Zum Teil befinden sich darunter auch Namen, die ich oben p. 20f. als ursprüngliche alte Sternnamen genannt habe. Es scheint, daß auch diese Anordnung als System von außen entlehnt ist, und zwar in jüngerer Zeit als der Tierkreis. Zwei der obengenannten Kriterien treffen auch auf etliche Mondstationennamen zu: das an der Unverständlichkeit erkennbare Alter und die Bekanntschaft in weiteren Kreisen; dagegen handelt es sich zuweilen um unscheinbare, nicht von vornherein auffällige Gestirne, womit also das dritte Kriterium hier entfällt. Die Mondstationen und ihre Namen stellen ein eigenartiges Konglomerat dar, das als zweifellos jüngere Schicht über den echten alten Namen lagert. So ist z.B. *aḏ-ḏirāʿ* (nr. 83) eine Station aus zwei Sternen, verschieden von einer zweiten *ḏirāʿ* (nr. 82 a, b), deren einer Stern (*aš-šiʿrā*) *al-ġumayṣā'* heißt und der andere *al-mirzam*. Die jüngeren Namen werden in Beziehung zu den älteren, bekannten gesetzt und mit ihrer Hilfe definiert.

Diese diffizile Mehrschichtigkeit haben die späteren arabischen Philologen und Lexikographen nicht durchschauen können, die für alle überlieferten einschlägigen Namen und Begriffe nur die Kategorie *kawākib* oder *nuǧūm* zur Verfügung haben. Auch der Astronom Ṣūfī ist meist blind zwischen den Überlieferungen herumgetappt und vermochte nicht, die Schichten klar genug zu trennen.

7. *al-ǧawzā' und al-asad*

Auf zwei Gestirne scheint sich die Aufmerksamkeit der alten Araber besonders konzentriert zu haben: *al-ǧawzā'* und *al-asad*. Beide gehören in die Reihe der zwölf Tierkreisbilder, *al-ǧawzā'* entspricht den Zwillingen, ist jedoch im Orion gelegen; *al-asad* repräsentiert den Löwen. Beide fallen uns dadurch besonders auf, daß die arabischen Dichter eine Menge von Namen auf sie beziehen und so diese beiden Bilder regelrecht ausmalen.

Auf *al-ǧawzā'* werden bezogen: *ʿarš* (nr. 39), *ḏawā'ib* (nr. 78), *faqār* (nr. 88), *kursī* (*mu'aḫḫar* und *muqaddam*) (nr. 148, 149), *mankib* (nr. 158), *minṭaqa* (nr. 162), *niṭāq* (nr. 204), *qaws* (nr. 225), *ra's* (nr. 241), *riǧl* (nr. 251), *sayf* (nr. 266), *tāǧ* (nr. 295), *yad* (nr. 317a, b). Das sind sämtlich Körperteile oder Ausrüstungsgegenstände der *ǧawzā'*, die ihrer Lokalisierung nach am Himmel tatsächlich etwa ein zusammenpassendes Bild ergeben. Auch *haqʿa* (nr. 115b), *naẓm* (nr. 202b), *rāʿī* (nr. 237) und *ʿuḏra* (nr. 311b) werden mit dem Namen *al-ǧawzā'* kombiniert, jedoch ganz offensichtlich, ohne Bestandteil des *ǧawzā'*-Bildes zu sein; es sind unabhängige, wahrscheinlich jüngere Namen von Sternen, die innerhalb der *ǧawzā'*-Figur liegen, und die Verbindung mit dem Namen der *ǧawzā'* soll offenbar lediglich diese rein äußerliche örtliche Beziehung ausdrücken. Ibn Qutayba 45, 7—15 (unter Mondstation 6) fügt eigens eine „Darstellung der Sterne der ǧawzā'" *ḏikr kawākib al-ǧawzā'* ein: „Die ǧawzā' wird zu den südlichen Sternen gerechnet; sie wird auch al-ǧabbār [die arabische Paraphrase für das ptolemäische Sternbild Orion] genannt, indem man sie mit einem König vergleicht. Denn es ist die Figur eines Mannes auf einem Thron, der eine Krone trägt" (*wa-l-ǧawzā' tuʿaddu fī l-kawākib al-yamāniya wa-hiya tusammā l-ǧabbār tašbīhan lahā bi-l-malik li-annahū fī ṣūrat raǧul ʿalā kursī ʿalayhi tāǧ*). Hier ist das (feminine) altarabische Bild bereits fast vollständig durch das von den Ptolemäusübersetzungen her bekannte griechische des gewaltigen Jägers Orion verdrängt.

Zum Unterschied von dem passend zu einem geschlossenen Ganzen zusammengefügten *ǧawzā'*-Bild wurden auf *al-asad* so viele Einzelnamen, sämtlich Körperteile bezeichnend, bezogen, daß sie keinesfalls mehr zu einem wirklichen Löwenbild zusammenpassen: *anf* (nr. 10), *ašfār* (nr. 15), *aẓfār* (nr. 25), *ʿaǧz* (nr. 29), *ʿayn* (nr. 46), *ḏirāʿ* (nr. 82, 83), *fam* (nr. 86), *ǧabha* (nr. 103b), *ġafr* (nr. 109), *hulba* (nr. 117b), *ḫarātān* (nr. 128), *kabid* (nr. 135), *lahāt* (nr. 150), *maḥāss* (nr. 153), *maḫṭa* (nr. 154), *minḫarān* (nr. 161), *naṯra* (nr. 201), *qunb* (nr. 232), *sāq* (nr. 263), *ṭarf* (nr. 304b), *warikān* (nr. 312), *zubra* (nr. 323b). Hierunter befinden sich die Namen von acht Mondstationen (Station 7 bis 14), die in den drei Tierkreisbildern Krebs, Löwe und Jungfrau gelegen sind!

Zeichnet man einmal maßstabgetreu die einzelnen Positionen auf, so ergibt sich eine völlig verzerrte Figur aus lauter nicht aufeinander abgestimmten Körperteilen. Außer *hulba* und *kabid* gehören die Namen zu Mondstationen; zuweilen fallen auf dasselbe Gebilde mehrere Namen (*fam* = *anf* = *maḫṭa* = *naṯra* u. ä.).

Auch noch andere Mondstationen wurden auf Tierkreisbilder bezogen: *aš-šaraṭān* (nr. 286), *al-buṭayn* (nr. 68) und *aṯ-ṯurayyā* (nr. 306, Station 1—3) auf den Widder, *al-ḥamal*; *az-zubānā* (nr. 322), *al-iklīl* (nr. 134), *al-qalb* (nr. 216) und *aš-šawla* (nr. 288, Station 16—19) auf den Skorpion, *al-ʿaqrab*; die beiden *farġ* (nr. 92, 93; Station 26 und 27) auf den Wassermann, *ad-dalw*; und *baṭn al-ḥūt* (nr. 64, Station 28) auf die Fische, *al-ḥūt*. Bei *al-ġafr* (nr. 109, Station 15) schwankt die Beziehung: einige interpretieren sie ohne Rücksicht auf *al-hulba* (nr. 117) als das „Haar auf der Schwanzspitze des Löwen", andere als „the coat of mail [Panzer(-hemd)] of Scorpio".

Bereits Ideler hat an der Zerrfigur des arabischen Löwen Anstoß genommen und im Hinblick auf *aḏ-ḏirāʿ(ān)* geurteilt, daß dies wohl ursprünglich ein selbständiger Name, ohne jede Beziehung zum Löwen, gewesen und erst in jüngerer Zeit sekundär auf diesen bezogen worden sei (p. 151 ff. und 317 ff.). Der Vergleich mit den Verhältnissen bei den genannten anderen Mondstationennamen bestätigt IDELERS Urteil und läßt es gleichzeitig auf diese anderen Namen erweitern.

Es ist also zu schließen, daß die Namen der Mondstationen ursprünglich selbständig und beziehungslos dastanden und erst später von den *šuʿarā'* in dichterischer Freiheit oder gar erst von einigen Philologen in bewußter Spekulation auf bestimmte Tierkreisbilder, in deren Bereich sie sich befanden, bezogen wurden. Letzteres ist besonders deutlich zu beobachten bei allen Interpretationen von az-Zaǧǧāǧ, die Bīrūnī unter den einzelnen Mondstationen, *Āṯār*, ed. SACHAU p. 336 ff., häufig zitiert. In vielen Fällen lassen die Namen selbst solche Umdeutungen zu: *al-buṭayn* und *al-baṭn* als „Bäuchlein [des Widders]“ bzw. „Bauch [des Fisches]“; *az-zubānā*, *al-iklīl*, *al-qalb* und *aš-šawla* als entsprechende Körperteile des Skorpions; *aḏ-ḏirāʿ*, *an-naṯra*, *aṭ-ṭarf*, *al-ǧabha*, *az-zubra* als entsprechende Körperteile des Löwen. Wo der eigentliche Stationenname sich nicht unmittelbar umdeuten läßt, werden eigene Bezeichnungen neu eingeführt: *aš-šaraṭān* werden *qarnā l-ḥamal* (nr. 220), *aṯ-ṯurayyā*: *alyat al-ḥamal* (nr. 9), *aṣ-ṣarfa*: *qunb al-asad* (nr. 232), *al-ʿawwā'*: *warikā* und *maḥāss al-asad* (nr. 312, 153), *as-simāk*: *sāq al-asad* (nr. 263), gelegentlich *al-ġafr*: *aš-šaʿr fī ṭaraf ḏanab al-asad* oder *miǧfar al-ʿaqrab*; auch *al-haqʿa*: *ra's al-ǧawzā'*. Gestützt auf die rezente Umdeutung geht Ibn Manẓūr sogar so weit, regelrecht zu behaupten: *wa-š-šaraṭ fī luġat al-ʿarab al-qarn* „aš-šaraṭ bedeutet in der Sprache der Beduinen das Horn“ (*Kitāb niṯār al-azhār*, Konstantinopel 1298, p. 175, 11).

Da die Dichter in ihren Intuitionen unabhängig voneinander zu Werke gingen, ergab es sich, daß sich für etliche Stationen in den Sammlungen der Philologen verschiedene Bezeichnungen finden: *an-naṯra* hatte eben einer als *fam*, ein anderer als *anf* und ein dritter als *maḫṭa* des Löwen gedeutet usw. Im Falle *hulba*/*al-ġafr* führt das nicht nur zu einer Duplizität von Wörtern, sondern auch zu einer erheblichen örtlichen Diskrepanz, die aber bedeutungslos bleibt, da es sich hier ja um einen rein literarischen Vorgang ohne exakte Beziehung auf den wirklichen Sternhimmel handelt.

Bei *al-ǧawzā'* hat offenbar ebenfalls das nun schon bekannte Prinzip der dichterischen Ausgestaltung gewirkt, doch unter etwas anderen Bedingungen. Außer *al-haqʿa* waren hier keine Mondstationennamen vorgegeben, die auszudeuten gewesen wären. Das Gebilde der *ǧawzā'* = Orions ist schlechthin das auffälligste aller Sterngebilde und ohne weiteres als Vorderansicht einer menschlichen Figur zu deuten. So haben hier die Dichter — im Gegensatz zu den vorgenannten Fällen, wo vorgegebene separate Einzelstücke zu einem Ganzen zu kombinieren waren — ein in *al-ǧawzā'* gegebenes Ganze in seine Einzelteile zu zerlegen gehabt. Das scheinen sie in gewisser Anlehnung an die Realität getan zu haben, wie aus den verhältnismäßig glatt zueinanderpassenden Details zu schließen ist.

8. Einige eigenartige zusammengesetzte Bilder

Ṣūfī beschreibt aus seinen Quellen einige eigenartige Bilder: *al-bāṭiya* (nr. 61), *al-faras al-kāmil* (nr. 89), *al-ḥayya* (nr. 123), *al-ḥūt* (nr. 126), *an-nāqa* (nr. 190) und *as-safīna* (nr. 259). An diesen fällt die seltsame Art der Beschreibung und Definition auf, die verschieden ist sowohl von der exakten ptolemäischen wie von der altarabischen: eine Anzahl relativ unscheinbarer Sterne wird durch Linien verbunden, die dann das entsprechende Bild umreißen. Solche Umrißformen sind eigentlich das Charakteristikum der griechisch-ptolemäischen Sternbilder. Ṣūfī kann diese Umrisse genau fixieren; es ist aber anzunehmen, daß er hier wie häufig seinem Eifer erlegen ist und unsichere Dinge mit einem unechten Schein von Entschiedenheit umgeben hat.

Sieht man die Gebilde genauer an, so entsprechen die Namen bis auf *an-nāqa* alle irgendwelchen ptolemäischen Sternbildern. Ja, es werden sogar lokalisiert *al-ḥayya* in der Gegend des ptolemäischen *Δράκων*, *al-faras al-kāmil* bei und im *Πήγασος*, *al-ḥūt* bei *Ἰχθύες* und *as-safīna* bei der *Ἀργώ*. Von *as-safīna* wird eigens ausgesagt, *suhayl* = *α* Carinae stehe auf ihrem „Ruder“ *miǧdāf*; das ist aber die ptolemäische Definition von *α* Carinae innerhalb des ptolemäischen Bildes Argo. Somit scheint es außer Zweifel, daß es sich um Spuren handelt, die die Ptolemäusübersetzungen bei den arabischen Philologen hinterlassen haben. Diese konnten, wie schon mehrfach gesagt, die terminologischen Schichten nicht reinlich trennen und haben hier offenbar nicht Echtarabisches einschlüpfen lassen.

Auch *al-bāṭiya* ist von Ptolemäus bekannt, und zwar als das Sternbild *Κρατήρ*. Ṣūfī lokalisiert *al-bāṭiya* beim Adler, also über 100° vom „Becher“ entfernt. Das mag jedoch auf das Konto der allgemeinen Unsicherheit bezüglich dieser eigenartigen Bilder gehen und uns nicht prinzipiell davon abhalten, die Verbindung mit dem *Κρατήρ* herzustellen.

an-nāqa schließlich ist, wie schon der Name andeutet, nicht auf Ptolemäus zurückzuführen. Offenbar liegt hier ursprünglich nur der arabische Name *sanām an-nāqa* (für Hauptsterne des ptolemäischen Bildes Kassiopeia, die etwa einem „Kamelhöcker“ zu gleichen scheinen; cf. nr. 262 und 190) zugrunde, zu dem dann später recht künstlich die restliche Kamelin aus sehr schwachen, unscheinbaren Sternen hinzukonstruiert wurde.

9. Jüngere Namen

Als alt hatte sich nur eine kleine Anzahl Sternnamen erweisen lassen. Die Mehrheit der über dreihundert von mir gefundenen Namen scheint demgegenüber jünger zu sein. Sie lassen sich leicht daran erkennen, daß sie ohne Schwierigkeit übersetzbar sind und Wesen und Gegenstände aus der Welt der Beduinen darstellen. Sofern es sich um lebende Wesen handelt, repräsentiert stets ein Stern jeweils ein solches Wesen; sollen zwei Sterne, also zwei Wesen, bezeichnet werden, erscheint der Name im Dual; handelt es sich um mehrere, steht der Name im Plural.

Woher diese Namen stammen, geben die *anwā'*-Autoren und Lexikographen nicht näher an. Die Annahme drängt sich auf, daß auch sie nicht ursprüngliche Eigennamen darstellen, die allgemein beim Volk bekannt gewesen sind, sondern daß sie von Dichtern aufgebracht wurden. Doch zum Unterschied von den oben besprochenen „uneigentlichen Namen" rein literarischer Herkunft scheint die große Gruppe der jüngeren Namen auf wirklicher Naturbeobachtung zu beruhen. Die auf Beobachtung beruhende Beschreibung, der *waṣf*, nimmt in der altarabischen Dichtung breiten Raum ein. So ist es wohl zulässig, auch den Himmel und die Sterne als Gegenstand solcher Beobachtung anzunehmen. Bekannte Größen hierbei dürften die echten, alten, eigentlichen Namen gewesen sein. In deren Nachbarschaft beschrieb z.B. ein *šā'ir* Sterne, die ihn an den Anblick einer Herde mit Schäfer und Schäferhund erinnerten; woanders sah ein anderer Strauße, ihr Nest und dazu Eier und Eierschalen. So ließen sich unendlich viele Gebilde am Himmel finden.

Die knapp dreihundert Namen dieser Art, die wir etwa kennen, haben die *anwā'*-Autoren aus den entsprechenden Stellen vieler Dichter aus verschiedenen Zeiten und Gegenden und Stämmen gesammelt. Der aus den Sammlungen resultierende Eindruck, schlechthin die „Sternnomenklatur der Araber" vor sich zu haben, ist falsch. Die Definitionen der einzelnen Namen in den *anwā'*-Büchern mit ihrer steten Beziehung auf andere, als bekannt angenommene Gestirne — meist auf einen der echten alten Sternnamen oder eine der Mondstationen oder ein zu einem hiervon gestelltes Gestirn —, lassen durchscheinen, daß die Dichter das jeweilige Gestirn etwa in ähnlicher Form dargestellt haben müssen. Mit anderen Worten: die *anwā'*-Autoren zogen ihre definierenden Angaben aus den Texten der Belegverse heraus.

Die angenommene Herkunft der Namen dieser Schicht verrät sich ferner dadurch, daß nicht selten Sterne zu mehreren verschiedenen Gestirnen hinzubezogen werden: unabhängig voneinander hat hier ein Dichter das eine, dort ein anderer das andere Bild geprägt.

Ebenso haben einige besonders bekannte Gestirne mehrere Namen. Neben eigentlichen alten Benennungen werden Bilder oder Ausdrücke jüngerer poetischer Prägung überliefert: so wurden z. B. neben *ad-dabarān* (nr. 69) aus metrischem Zwang die vermeintlich etymologisch gleichwertigen Ausdrücke *ad-dābir* (nr. 70), *ad-dabīr* (nr. 71), *at-tābi'* (nr. 292), *at-taba'* (nr. 291), *al-ḥādī* (nr. 119), *at-tuwaybi'* (nr. 303) usw. gefunden; auch andere Namen bekamen metrische Ausweichformen: *ar-ridf* (nr. 248) und *ar-radīf* (nr. 249), *an-nasaq* (nr. 192a, b) und *an-nasīq* (nr. 193), *an-naṭḥ* (nr. 197) und *an-nāṭiḥ* (nr. 199) sowie *an-naṭīḥ* (nr. 200), *qafazāt az-ẓibāʾ* (nr. 211) und *al-qawāfiz* (nr. 223), *aš-šaraṭān* (nr. 286) und *aš-šaraṭ* (nr. 285) sowie *al-ašrāṭ* (nr. 16), *al-wazn* (nr. 315) und *al-wazīn* (siehe hier den beweisstarken noch erhaltenen Vers nach der Überlieferung von Ibn Barrī unter *al-furūd*, nr. 101).

Eine kleine Gruppe unter diesen jüngeren Namen heben die *anwāʾ*-Bücher und Ṣūfī dadurch etwas hervor, daß sie sie mit dem Ausdruck *tusammīhā l-ʿāmma* „die Menge nennt sie . . ." einführen (z.B. *al-aṯāfī*, *al-mīzān*; cf. *Sternnamen* p. 137f., nr. 51 mit den Anmerkungen). Hiermit soll offenbar zum Ausdruck gebracht werden, daß der betreffende Name wirklich im Volke gebraucht wurde und allgemein bekannt war, wodurch zugleich die literarische Abhängigkeit der übrigen erneut bestätigt wird.

10. Abweichende Deutungen von Sterngebilden

Für die Richtigkeit der eben geäußerten Annahme über den Ursprung der „jüngeren Namen" spricht eine weitere Tatsache. Dem poetischen Erfindungsgeist waren natürlich für die Ausdeutung von Sternformationen keine Grenzen gesetzt. Es liegt nahe anzunehmen, daß es noch andere Bilder, Vergleiche usw. gab über dasjenige hinaus, was in die *anwāʾ*-Bücher Aufnahme gefunden hat und dadurch gleichsam kanonisch geworden ist.

Auf solche „nichtkanonischen" Gestirnbeschreibungen ist z.B. Ibn Qutayba gestoßen und hat dafür ein eigenes Kapitel *iḫtilāf manāẓir an-nuǧūm* „Die unterschiedlichen Anblicke der Sterne" (p. 182—186) angehängt. In den zitierten Versen wird z.B. von einem anonymen Dichter *al-ǧawzāʾ* mit *ẓibāʾ* „Gazellen" verglichen. Die übrigen Stellen beziehen sich auf die Sterne im allgemeinen, nicht auf bestimmte Gestirne.

Ibn Manẓūrs Anthologie *Kitāb niṯār al-azhār*, Konstantinopel 1298, p. 109ff., führt reichlich Verse über bestimmte Gestirne auf, vor allem auch von jüngeren Dichtern, die eine Fülle neuer Bilder enthalten. Diese haben natürlich ebenfalls in die kanonischen *anwāʾ*-Bücher keinen Eingang mehr gefunden und werden so auch in den Lexika nicht aufgeführt. Auch Ibn Manẓūr selbst verwendet in seinem Lexikon *Lisān al-ʿarab* nur die in der kanonischen grammatischen Überlieferung vorgegebenen Belegverse und übernimmt nichts aus seiner[1] Anthologie hinüber (wie sich umgekehrt in der Anthologie die klassischen lexikalischen Belegverse nicht wiederfinden). Am Ende des Fixsternkapitels (p. 139, 5 v.u.) heißt es sogar ausdrücklich: *wa-li-l-ʿarab fī n-nuǧūm tašbīhāt ḫāfiya raǧiba*

[1] Nach Ibn Manẓūrs eigenem Vorwort (p. 2f.) ist die Anthologie *Kitāb niṯār al-azhār fī l-layl wa-n-nahār* lediglich die Straffung und Überarbeitung des Buches *faṣl al-ḫiṭāb fī madārik al-ḥawāss al-ḫams li-ulī l-albāb* von Šaraf ad-Dīn Aḥmad b. Yūsuf b. Aḥmad at-Tīfāšī al-ʿAbsī (gest. 1253; GAL S I 904, 5; Werk nr. 6).

ʿanhā l-muwalladūn wa-l-muḥdaṯūn fa-innahum yušabbihūnahā bi-l-qilāṣ wa-l-baqar wa-l-kilāb „die Araber haben in bezug auf die Sterne schwerverständliche (oder: unverständliche) Gleichnisse, die die arabischen Dichter fremder Nationalität und die neuzeitlichen Dichter nicht mochten; denn sie vergleichen sie mit Kameljungen und Kühen und Hunden", wozu bis p. 143 weitere Beispiele neuerer „moderner" Vergleiche gegeben werden.

D. Sternkenntnisse der alten Araber

Die *anwāʾ*-Bücher, die Lexika wie auch der Astronom Ṣūfī führen das gesamte Material an „arabischen Sternnamen" auf *al-ʿarab* zurück, das heißt auf die „(echten) Araber, Beduinen". Das ist eine klassifizierende Herkunftsbezeichnung, die wohl hauptsächlich den Zweck hatte, jenes Material von dem neuen, jüngeren, aus antiken Texten übersetzten „wissenschaftlichen" Material zu unterscheiden. Allmählich ist man daraufhin, besonders in der Geschichte der Astronomie, aber auch in der Orientalistik, ganz allgemein zu der Ansicht gekommen, man habe in den mehreren hundert überlieferten Namen die Sternkenntnisse „der Araber (Beduinen)" vor sich und die Araber seien ein besonders sternnamenreiches Volk gewesen. Diese Ansicht wurde vor allem durch die bereits von den arabischen Philologen als regelrechter Topos verwandten Argumente des *ihtidāʾ* (der Wegorientierung bei nächtlichen Reisen) und der Lebensnähe der beduinischen Motive der „Bilder" gestützt.

Man sollte sich fragen, ob eine solche Meinung überhaupt einer rationellen Überprüfung standhält.

Schaut man zum Vergleich auf andere Völker, so findet man dort meist die Bekanntschaft von ein bis zwei Dutzend Himmelsobjekten (cf. Scherer für die Indogermanen). Die gesamte Beschaffenheit unseres Materials spricht nicht dafür, daß es bei den Arabern anders gewesen sein sollte[1].

---

[1] Cf. hierzu auch Stellen, aus denen man klar entnehmen kann, wie karg es um die praktische Kenntnis der Gestirne und ihrer Namen bestellt war. Ṣūfī berichtet (p. 17, 11ff.) zwar nicht von einem Beduinen, sondern von einem Perser, der aber dafür in seiner Gegend als besonders sternkundig berühmt war (*wa-kāna l-mašhūr bi-tilka n-nāḥiya wa-l-mušār ilayhi bi-ʿilm at-tanǧīm*): als er, Ṣūfī, im Jahre 337 = 948/9 Iṣfahān besuchte, sei dieser Mann — namens Ibn Rawāḥa — bei ihm erschienen und habe angefangen, ihm ein Astrolab mit vielen Sternen zu beschreiben; dabei habe er statt *al-fard* [nr. 90] beständig *al-qird* („der Affe") gesagt und er, Ṣūfī, habe ihn eigens auf seinen Irrtum aufmerksam machen müssen; dann habe er (Ṣūfī) ihn gebeten, ihm den Stern am Himmel zu zeigen, und er habe es nicht gekonnt.

Weiter berichtet Ṣūfī (18, 1ff.), dieser selbe Mann sei im Jahre 349 = 960/1 vor dem Sultan ʿAḍud ad-Dawla erschienen, wobei auch er, Ṣūfī, zugegen gewesen

Wir geraten dabei in keinerlei Schwierigkeit, wenn wir das im Grunde zweifellos echte, später zum Gemeinplatz degenerierte Argument vom *ihtidā'* berücksichtigen. Als Mittel für nächtliche Wegorientierung standen die etwa zwanzig „echten ursprünglichen Sternnamen" sowie die achtundzwanzig Mondstationen zur Verfügung. Das ergibt eine Anzahl von rund fünfzig Fundamentalgestirnen, die zur Orientierung völlig ausgereicht haben dürften (auch die heutige Nautik kommt mit fünfzig Sternen aus; *The American Nautical Almanac* gibt 57 Positionssterne). Das Astrolab war ursprünglich mit fünfzehn bis zwanzig Positionssternen ausgestattet. Ja, man muß sogar sagen, eine Menge von über dreihundert namentlich fixierten Gestirnen würde eher eine Konfusion hervorrufen als noch zur Orientierung beitragen.

Es ist also nicht nur die Natur des Materials selbst, sondern ebensowohl die allgemeine ethnologisch-historische Überlegung, die uns zu dem sich immer deutlicher abzeichnenden Urteil führt: was neben der relativ geringen Zahl echter ursprünglicher, allgemein bekannter Sternnamen noch sonst so zahlreich als Gestirnnamen überliefert wird, sind keine echten, im Volk gewachsenen und verbreiteten Namen, sondern reine Kunstprodukte, Erzeugnisse der *šuʿarā'*.

E. Zusammenfassung und Ausblick

Es liegt in der Natur des Materials, daß diese Studie über die Sternnamen der Araber bis zu einem gewissen Grad ein Entmythisierungsversuch werden mußte. Die nähere Untersuchung der Quellen führt uns in den Bereich der arabischen Philologen und Lexikographen, deren Sammlungen der Nachwelt die erstaunlich große Anzahl von über dreihundert Gestirnnamen weitergegeben haben. Hiervon erweist sich — wenn man die Mondstationen mitberücksichtigt — durch äußere Anzeichen und innere Wahrscheinlichkeit höchstens etwa ein Sechstel, also rund fünfzig, als echte weithin bekannte Eigennamen. In den verbleibenden fünf Sechsteln haben wir offensichtlich Kunstprodukte der Poesie vor uns, die nicht als Bestandteil der im Lande üblichen Nomenklatur angesehen werden können. Hinter der durchgängig benutzten Herkunftsangabe *al-ʿarab* „die Beduinen, echten Araber" verbirgt sich zu aller-

sei; man habe ihn nach dem Stern *an-nasr al-wāqiʿ* [nr. 195a] gefragt, der gerade über dem Osthorizont aufgegangen sei, und er habe gesagt, das sei *al-ʿayyūq* [nr. 47]; und das sei nun wirklich ein Gestirn, das sogar die jungen Mädchen in allen Landen kennten und *al-aṯāfī* [nr. 18] nennten, aber jener habe davon nichts als den Namen gewußt. Siehe auch oben p. 16 Ibn Qutaybas Schilderung der Sternkenntnisse seines beduinischen Gewährsmannes (. . . *fa-rubbamā ašāra ilā n-nağm wa-sammāhu* „zuweilen zeigte er auf den Stern und nannte ihn mit Namen"— wie man dem Zusammenhang nach wohl übersetzen muß).

meist nur irgendein mehr oder weniger oder völlig in Vergessenheit geratener Dichter.

Die Philologen haben in ihren astronomischen Spezialsammlungen, den *kutub al-anwā'*, alles zusammengefaßt, was sich auf Sterne bezog, ohne zwischen den verschiedenen Namentypen — echten alten, jüngeren, künstlichen — zu unterscheiden. Von hier übernahm der Astronom Ṣūfī den größten Teil der Namen und bemühte sich, sie astronomisch exakt zu identifizieren. Sein Fixsternbuch wurde für Orient und Okzident ein Kanon der Fixsternkunde. Das führte unter anderem auch zu einer später nie mehr angezweifelten Sanktionierung der darin dargestellten „Gestirnnamen der Araber“, die größtenteils also erst durch ihn, Ṣūfī, zu regelrechten Sternnamen im eigentlichen Sinne wurden.

Die Lektüre der *anwā'*-Bücher einerseits und Ṣūfīs andererseits zwingt uns immer wieder die Beobachtung auf, daß hier zwei Prinzipien zunächst unvereinbar einander gegenüberstehen: das Prinzip der wirklichkeitsfernen, eigenen Gesetzen unterworfenen Poesie (nebst ihren Dependenzien wie Kommentaren, Glossen etc.; d.h. der Philologie), und demgegenüber das Prinzip der wirklichkeitsgebundenen, normierenden Wissenschaft. Deren normative Kraft erweist sich als so einflußreich, daß sie auch in dem ihr eigentlich nicht zugehörigen Bereich des Wortwesens, der Sprache, wirksam wird, indem sie nämlich die Kunstprodukte der literarischen Überlieferung annektiert und so in reale Gegebenheiten verwandelt.

So gelangen wir auch zu einer neuen Bewertung Ṣūfīs. Galt er bisher als derjenige, dem wir im wesentlichen die Vermittlung des arabischen Himmelsbildes verdanken, der uns aus eigener Kenntnis die Anschauungen „der Araber“ in ausführlichen Untersuchungen mit aller wünschenswerten Präzision weitergab, so sehen wir jetzt, daß er im Grunde den Dingen ebenso fern stand wie wir. Ebenso wie wir war auch er auf Bücher angewiesen. Zu deren Auswertung sind wir jedoch heute durch kritische Methoden weit besser in der Lage als jener persisch-arabische Astronom des zehnten Jahrhunderts. Ṣūfī nahm alles, was in seinen Quellen stand, voraussetzungslos ernst und mühte sich ab, es in der Wirklichkeit am Himmel zu identifizieren. Er trug dadurch entscheidend zur Bildung einer übertriebenen und verzerrten Meinung von der Sternkenntnis der alten Araber bei, die sachlich unzutreffend ist und darum nicht länger aufrechterhalten werden kann.

Die Entstehungsgeschichte der im Orient selbst gebräuchlich gewordenen arabischen Sternnamen findet eine interessante Parallele bei der Einführung arabischer Namen in die europäische Sternnomenklatur. Auch hier kam der größte Teil der Namen dadurch zustande, daß Astronomen aus rein philologischen Untersuchungen Namen und Wörter herausgriffen, in den astronomischen Gebrauch einführten und so zu regelrechten Eigennamen machten (vgl. *Sternnamen* p. 228ff.).

Die Mehrzahl der Namen sind uns nur aus den Spezialsammlungen der arabischen Philologen, aus den *anwā'*-Büchern bekannt. Nur selten zitieren diese die Belegverse, denen sie bestimmte Namen entnommen haben; und solche Verse werden obendrein zumeist anonym überliefert. So sind wir also gezwungen zuzugeben, daß wir die große Menge unseres Materials nur aus den lexikographischen Texten kennen. Bei künftiger arabistischer Wortforschung wird es darauf ankommen, hierfür weitestmöglich Belegstellen ausfindig zu machen.

Auf die oben p. 21f. als echt und alt bezeichneten Namen stößt man in der Literatur relativ häufig, ebenso auf Mondstationennamen (cf. u. a. Hommel, ZDMG 45 [1891], 592ff.). Dagegen dürfte es schwer und reiner Zufallstreffer sein, einige der zahllosen, in den *anwā'*-Büchern beleglos vorgeführten jüngeren Namen in Originalquellen nachzuweisen. Bedeutungsvoll können hierbei natürlich nur Stellen werden, die älter sind als die uns bekannten *anwā'*-Bücher vom Ende des neunten und Anfang des zehnten Jahrhunderts. Selbstverständlich haben auch jüngere Dichter die Himmelserscheinungen in ihrem Motivschatz; doch gingen ihre Formulierungen nicht mehr in die lexikographischen Sammlungen mit ein und nahmen dadurch nicht jenen kanonischen Charakter an, den die älteren besitzen.

Wertvoll wäre es selbst, von den Sekundärquellen, den *anwā'*-Büchern, Texte aus der Zeit vor Ibn Qutayba und Abū Ḥanīfa, also etwa den vielzitierten des Ibn Kunāsa, zu entdecken, da uns jeder verbürgte Schritt ins Ältere näher an die Wahrheit heranbringen könnte. Denn es bleibt doch sehr beunruhigend, daß zwischen unseren jetzigen Quellen, an denen eine verhältnismäßige Einheitlichkeit des Überlieferten auffällt, und den anzunehmenden Originalen aus vor- und frühislamischer Zeit Lücken von drei- bis vierhundert Jahren klaffen. Wenn im Vorangehenden von „echten alten" und „jüngeren" Namen die Rede war, so kann damit nur eine relative Chronologie innerhalb der Sternnomenklatur selbst angedeutet werden, die man nicht einmal auf Jahrhunderte annähernd in Jahreszahlen fixieren könnte. Die relativ junge orientalistische Forschung hat bisher das Material kaum fragmentarisch verwertet, und es sind hier fraglos noch viele Überraschungen zu erwarten.

Zum Abschluß soll angedeutet werden, wie die Untersuchung der Sternnamen der Araber über die Durchleuchtung des Gegenstandes selbst hinaus auch einige allgemeine Aspekte gewinnen bzw. neu bestätigen läßt.

So ist es einmal durchaus naheliegend und wahrscheinlich, daß die bei der Sternnamenuntersuchung gemachten Erfahrungen grundsätzlich auf andere Namengattungen, vor allem aus dem Naturreich, wie Stein-, Tier- und Pflanzennamen u. ä., übertragbar sind. Freilich muß dabei berücksichtigt werden, daß bei den genannten Namengruppen die Voraussetzungen verschieden sind gerade von den Sternnamen. Die Tiere, Pflanzen und Steine etc. sind lebensnahe Gegenstände, mit denen außerhalb städtischer Zivilisation jeder einzelne fortwährend unmittelbar in Berührung kommt, in ganz anderer Weise als mit den Sternen, in denen sich einst wie heute nur der besonders Interessierte, Eingeweihte auskennt. Das will besagen, daß für solche Gegenstände der Anteil der echten, allgemein verbreiteten Namen wesentlich größer zu sein hätte, als es bei den Sternnamen der Fall ist. Hierbei sind natürlich erhebliche dialektische und regionale Abweichungen im Wortgebrauch durchaus möglich. Dazu treten aber dann auch hier die Kunstprodukte der Dichter, die Hapaxlegomena oder *mufradāt*, die den Arabern den Ruf eingebracht haben, hunderte von Synonyma für Begriffe wie Pferd, Löwe, Kamel zu besitzen. Das wird man nun von „den Arabern" in Zukunft kaum noch sagen können.

Hier ist auch Gelegenheit, sich erneut zu vergegenwärtigen, in welchem Umfang die Sprache der arabischen Poesie unwirkliche Kunstsprache war. Aus der bloßen Beobachtung der Sternnamen, die wir zudem weitgehend nur aus den Sekundärquellen kennen, lassen sich keine Schlüsse auf die Entstehung, Entwicklung und den Aufbau dieser Kunstsprache ziehen — im Gegensatz etwa zur altgriechischen Literatur, die ebenfalls in einer künstlichen Sprache geschrieben ist, in deren Entstehung und Entwicklung, die Verknüpfung der Gattungen mit bestimmten Dialekten usw. wir jedoch ziemlich guten Einblick haben. Das aber hat sich zur Genüge erwiesen, daß die Dichter zur Ausgestaltung von Motiven oder zur Ergänzung vorhandener Bilder sowie auch aus metrischem Zwang völlig frei „Namen" schaffen, die zunächst durchaus keine verbindliche allgemeine Anerkennung besitzen.

Alle diese untereinander nicht zusammenhängenden jüngeren Einzelfälle haben die Philologen ebenso aufgezeichnet wie die echten alten Namen. Die Auskünfte der Lexika über bestimmte Wörter und Namen können also, abgesehen von der durch Kopierung, Kürzung etc. sowieso grundsätzlich bestehenden Gefahr der Unzuverlässigkeit, durchaus kein verläßliches Bild vom alten Wortschatz der arabischen Sprache vermitteln. Erschwerend tritt noch hinzu, daß die Lexikographen seit frühester Zeit (cf. az-Zaǧǧāǧ bei Bīrūnī, *Āṯār*) ständig zu interpretieren suchen. Sie haben offenbar überwiegend beim Sammeln des Materials selbst nie Gelegenheit gehabt, das Verständnis des Gegenstandes an Ort und Stelle zu klären, d. h. sie schrieben also aus einem ins andere Buch ab. Um zu einem Verständnis der Wörter und Dinge zu gelangen, waren sie dann auf ihre eigene, meist minder glückliche Kombinationsgabe angewiesen (cf. z. B. *al-ġafr* [nr. 109] bei az-Zaǧǧāǧ und anderen). Dabei wachsen echtes Material und Interpretation ineinander und werden fortan als nicht mehr auseinanderzukennender kanonisierter Komplex weitergegeben.

Die allgemein angenommene und vorausgesetzte Unsicherheit hinsichtlich des arabischen Wortschatzes und altarabischer Verhältnisse überhaupt wird durch die Sternnamenuntersuchung erneut bestätigt. Die Methode des historischen Längsschnitts, nach der wir an solche Untersuchungen herangehen, eröffnet natürlich weitere Perspektiven als die Querschnittmethode, in deren Gefüge die Araber sich immer wieder schnell verfangen und hängenbleiben. Wo aber die Zeugnisse fehlen, sind auch wir machtlos. Auch an Hand der Sternnamen, deren einige bis ins Akkadische und Sumerische zurückreichen, können wir — wie einzugestehen ist — für die ältere oder altarabische Zeit sichere Aufschlüsse über Realien und philologische oder historische Fragen nicht gewinnen.

II

Verzeichnis von 329 Namen

(Alphabetische Reihenfolge, unter Berücksichtigung der Transkription: *a ʿa b d ḍ ḏ f ǧ ġ h ḥ ḫ i ʿi k l m n q r s ṣ š t ṭ ṯ u ʿu w y z ẓ*.)

1. *al-abyaḍ*

„der Weiße". Nur Ibn Qutayba 150, 8: *wa-l-abyaḍ kawkab fī ḥāšiyat al-maǧarra yastaqbilu l-ǧady, baynahū wa-bayna l-ǧady qadr rumḥ* „al-abyaḍ ist ein Stern am Rand der Milchstraße gegenüber von al-ǧady [= Polarstern], zwischen ihm und al-ǧady ist ein Abstand von der Länge eines rumḥ [bei Ṣūfī = 14°]". Form und Bedeutung des Namens erscheinen fragwürdig. Der Beschreibung entspräche am besten γ Cephei, doch heißt dieser Stern im allgemeinen — auch bei Ibn Qutayba 149, 11 — *ar-rāʿī* (nr. 235), so daß auch die Identifizierung unsicher bleibt.

2. *aflā' al-ḫayl*

„die Füllen der Pferde". Ṣūfī 314, 6; Marzūqī 2, 380, 17 (aus Abū Ḥanīfa?): ein Name für die kleineren inmitten der *al-ḫayl* (nr. 129) genannten Sterne.

3. *al-aġnām*

„die Schafe". Ṣūfī 47, 14—20: ein Name für die Sterne auf dem Körper des ptolemäischen Bildes Kepheus (d.h. etwa in dem von $\alpha\beta\iota\delta$ Cephei umschriebenen Viereck); cf. unten *aš-šā'* (nr. 282).

4. *al-aġnām*

„die Schafe". Ṣūfī 102, 17 (Yehuda XIII, 1): ein Name für die Sterne in dem von den beiden *nasaq* (nr. 192a, b) abgegrenzten Gebiet *ar-rawḍa* (nr. 243). Cf. denselben Namen unten, *al-ġanam* (nr. 113).

5. *al-aġriba*

„die Raben". Ṣūfī 289, 11: ein Name für einige Sterne, die er mit dem 2., 3., 4., 5. externen, dem 17. eigentlichen und weiter dem 6., 7., 8. und 11. externen Stern des ptolemäischen Bildes Großer Hund = $\vartheta\varkappa\delta$ Columbae und $\lambda\zeta$ Canis Maioris und $\mu\lambda\gamma\varepsilon$ Columbae identifiziert.

6. *al-aḥmāl*

„die Lämmer". Ṣūfī 321, 5; 313, 5 (Yehuda XLII, 1); Marzūqī 1, 192, 13ff. (aus Abū Ḥanīfa): ein anderer Name für die sonst *ʿarš as-simāk al-aʿzal* (nr. 40) genannten Sterne. Das Wort erscheint auch, nur um einen diakritischen Punkt verschieden, als *al-aǧmāl* „die Kamele" (Ṣūfī, ed. SCHJELLERUP p. 240; Yehuda a.a.O.). Welche Form die richtigere ist, läßt sich nicht entscheiden.

7. *āl naʿš*

„die Familie des naʿš". Ṣūfī 32, 5 (Yehuda II, 2): ein anderer Name für die sonst *banāt naʿš* [*al-kubrā*] (nr. 55) genannten Sterne.

8. *al-aʿlām*

„die Zeichen". Am genauesten beschrieben bei Marzūqī 2, 377, 14: *wa-warāʾa l-ʿayyūq ġayr baʿīd kawākib ṯalāṯa zuhr muṣṭaffa mutaqawwisa qad qaṭaʿat al-maǧarra ʿarḍan* . . . „nicht weit hinter al-ʿayyūq [= α Aurigae] sind drei helle bogenförmig angeordnete Sterne, die die Milchstraße quer schneiden . . ." (höchstwahrscheinlich aus Abū Ḥanīfa). Nicht ganz so eindeutig sagt Ibn Qutayba 37, 2 (bei den unter Mondstation 3 mitbehandelten Sternen): *wa-ʿalā iṯri l-ʿayyūq ṯalāṯat kawākib zuhr* . . . „hinter al-ʿayyūq [= α Aurigae] sind drei helle Sterne . . ." (fast gleichlautend *Adab al-kātib* 95, 7). Ṣūfī 92, 6 (Yehuda XII, 3) identifiziert die drei Sterne trotz Abū Ḥanīfas eindeutiger Definition ungünstig mit dem 4., 10. und 11. im ptolemäischen Bild Fuhrmann = $\beta\iota\gamma$ Aurigae. Richtiger sind sie mit dem 4., 6. und 11. ptolemäischen Stern = $\beta\vartheta\gamma$ Aurigae zu identifizieren, zumal auch ι Aurigae im Zusammenhang mit *al-ʿayyūq* einen anderen Namen trägt (s. u. *riǧl al-ʿayyūq*, nr. 250).

9. *alyat al-ḥamal*

„der Schwanz des Widders". Die dritte Mondstation ist *aṯ-ṯurayyā* „die Plejaden" (nr. 306). Ibn Qutayba 23, 6 fügt hinzu: *wa-yuqālu innahā alyat al-ḥamal* „und es heißt, sie sei der Schwanz des Widders"; Ibn Sīda, *Muḫaṣṣaṣ* 9, 10 zitiert aus Abū Ḥanīfa: *wa-yuqālu li-ṯ-ṯurayyā alyat al-ḥamal* „und die Plejaden werden Schwanz des Widders genannt"; die gleiche Stelle lautet bei Marzūqī 1, 188, 8: *wa-yaqūlūna li-ṯ-ṯurayyā alyat al-ḥamal* „und man nennt die Plejaden Schwanz des Widders". Hier liegt ein Zusammenhang mit dem Tierkreisbild Widder vor, dessen Lage und Identifizierung sich im arabischen Raum gegenüber der in der griechischen Überlieferung eingebürgerten verschoben hatte (cf. die Tabelle von Bīrūnī, *Chronology of Ancient Nations* [Übers.], London 1879, p. 352). Ṣūfī 153, 19f. kritisiert die in den *anwāʾ*-Büchern registrierte arabische Identifizierung und hält sich starr an Ptolemäus.

10. *anf al-asad*

„die Nase des Löwen“. Die achte Mondstation ist *an-naṯra* (nr. 201). Ibn Qutayba 54, 12 fügt hinzu: *wa-huwa anf al-asad* „das ist die Nase des Löwen“. Auch beim Tierkreisbild Löwe hat sich die arabische Auffassung erheblich von der in der griechischen Tradition eingebürgerten entfernt (cf. o. *alyat al-ḥamal*, nr. 9).

11. *al-anharān*

Der Name wird nicht in der astronomischen Literatur überliefert. Nach den Lexika (siehe Lane s. v.) werden damit die 13. und 14. Mondstation gemeinsam bezeichnet.

12. *al-anīsān*

„die beiden Freunde“. Ibn Qutayba 20, 13 (unter Mondstation 1): *wa-quddāma š-šaraṭayn kawkabān baynahumā wa-bayna l-ḥūt* . . . „vor aš-šaraṭān [= $\beta\gamma$ Arietis] sind zwei Sterne, zwischen ihnen und al-ḥūt [dem „Fisch“, dessen „Bauch“ β Andromedae ist] . . .“ Ibn Sīda, *Muḫaṣṣaṣ* 9, 10 zitiert (aus Abū Ḥanīfa?): *al-ubaysān* [sic statt *al-anīsān*] *kawkabān bayna yaday aš-šaraṭayn šabīhān bihimā* „al-anīsān sind zwei Sterne vor aš-šaraṭān, ähnlich wie sie [angeordnet]“; das gleiche Zitat bei Marzūqī 1, 187, 18 (hier der Name entstellt in *al-unṭayān*). Ṣūfī 135, 17 (Yehuda XX, 1) identifiziert die beiden Sterne mit dem 1. und 2. im ptolemäischen Bild Dreieck = $\alpha\beta$ Trianguli.

13. *al-aʿraǧān*

„die beiden [Hinterher-] Hinkenden“. Der Name tritt nicht in der klassischen Literatur auf. Erst um 1500 bezeichnen damit die Nautiker die beiden hinteren Sterne des Wagenvierecks, $\gamma\delta$ Ursae Maioris: Ibn Māǧid, *Kitāb al-fawāʾid*, Facsim. Ferrand, *Instructions Nautiques* I, Paris 1921—1923, fol. 8r, auch ebda. fol. 33r; Sulaymān al-Mahrī, *al-ʿUmda al-mahrīya*, Facsim. Ferrand, *Instructions Nautiques* II, Paris 1925, fol. 16r ff.

14. *aslam*

Der *Lisān* 14, 408a (Druck Bayrūt 1955—1956) sagt über das „Reiterlein“ im Großen Wagen (Fl. 80 oder g Ursae Maioris): *yuqālu innahū yusammā aslam maʿa l-kawkab al-awsaṭ min banāt naʿš* „es heißt, er werde zusammen mit dem mittleren Stern von banāt naʿš [= ζ Ursae Maioris] aslam genannt“. In der astronomischen Literatur wurde der Name nicht überliefert.

15. *al-ašfār*

„die Augenlider“. Ibn Qutayba 55, 15 (unter Mondstation 9): *quddāma ṭ-ṭarf kawākib kaṯīra yuqālu lahā l-ašfār* [im Text falsch *al-ašʿār* „die Haare“] „vor aṭ-ṭarf [= $\varkappa$ Cancri und λ Leonis] sind viele Sterne, die al-ašfār genannt werden“. Ṣūfī 173, 17 (unter Krebs; Yehuda XXIV, 2) identifiziert hiermit den 1. externen Stern des Krebses nach Ptolemäus = $o^{1,2}$ Cancri *maʿa wāḥid ṣaġīr ḫalfa ṭ-ṭarf ḥawla hāḏihi l-ʿayn al-ǧanūbīya* „nebst einem kleinen hinter aṭ-ṭarf in der Nähe dieses südlichen Auges"; aber 181, 4 (unter Löwe) sagt er: *wa-yusammā llaḏī ʿalā l-minḫar wa-r-raʾs al-ašfār* „was [an Sternen] auf der Nase und dem Kopf [scil. des Löwen] steht, wird al-ašfār genannt", womit der 1. Stern im ptolemäischen Bild Löwe ($\varkappa$ Leonis, auf der Nase) und der 3. und 4. ($\mu\varepsilon$ Leonis, auf dem Kopf) bezeichnet wären. Nimmt man diese beiden abweichenden Angaben zusammen, so ergeben sich, indem man zugleich die arabische Auffassung von $\varkappa$ Cancri und λ Leonis als südliches bzw. nördliches Auge des Löwen berücksichtigt, $o^{1,2}$ Cancri und $\varkappa$ Leonis als zugehörige „Augenlider".

16. *al-ašrāṭ*

„die Zeichen". Ibn Qutayba 17, 14: neben dem nördlichen der beiden Sterne von *aš-šaraṭān* (nr. 286, Mondstation 1), β Arietis, steht ein kleiner, den man zuweilen mit zu der Station hinzuzählt, wobei sie dann *al-ašrāṭ* genannt werde. Auch Farġānī, Kapitel 20, rechnet einen kleineren neben dem nördlichen mit hinzu. Ṣūfī schwankt zwischen abweichenden Angaben verschiedener Quellen: einige rechneten zu $\beta\gamma$ Arietis noch den Nachbarn des südlichen, ι Arietis, hinzu (142, 5—11), während andere den Dualnamen auf $\beta\alpha$ Arietis anwendeten und dazu als dritten γ Arietis, ebenfalls als Nachbarn des südlichen, fügten (142, 12—16). Über diese vagen, von Ṣūfī allerdings sehr gewissenhaft ausgearbeiteten Identifizierungen kommen auch wir heute nicht hinaus, da die ältesten Quellen, wie z.B. Ibn Qutayba und die *anwāʾ*-Autoren, die beiden Sterne von *aš-šaraṭān* nicht so eindeutig definieren, daß man sie unter mehreren in der entsprechenden Himmelsgegend stehenden mit ausreichender Sicherheit fixieren könnte.

17. *al-aṯāfī*

„die drei in einem Dreieck aufgestellten Steine, zwischen denen ein Feuer entzündet wird und auf denen der Topf ruht: der Herd des Beduinen". Ṣūfī berichtet aus seinen Quellen, daß drei Sterne, die er mit dem 14., 15. und 16. im ptolemäischen Bild Drache = $\sigma\upsilon\tau$ Draconis identifiziert, *al-aṯāfī* hießen (41, 18f.; Yehuda III, 2a, b); andere *anwāʾ*-Autoren jedoch wendeten den Namen auf drei andere Sterne an, die er mit dem 10., 13. und 19. im ptolemäischen Bild Drache = $\pi\varrho\varphi$ Draconis identifiziert (41, 20—42, 4). Bei Ibn Qutayba und unter den Abū Ḥanīfa-Zitaten bei Marzūqī findet sich *al-aṯāfī* nicht für Sterne, die in die Gegend des ptolemäischen Drachen gehören. al-Ḫwārizmī, *Mafātīḥ al-ʿulūm*, ed. VAN VLOTEN (Leiden 1895) p. 209ff. setzt das ptolemäische Bild Kepheus mit *al-aṯāfī* gleich; hier dürfte es sich um das von Ṣūfī beschriebene Gestirn handeln, das infolge mangelnder Sachkenntnis vom Drachen in den benachbarten Kepheus gesetzt wurde.

18. *al-aṯāfī*

Ibn Qutayba 151, 4: *fa-ka-anna ṯ-ṯalāṯa aṯāfī* „als wären die drei [scil. αεζ Lyrae, *an-nasr al-wāqiʿ*] drei Herdsteine"; ähnlich *Adab al-kātib* 94, 11: *wa-n-nasr al-wāqiʿ ṯalāṯat anǧum ka-annaha aṯāfī* „der Fallende Adler sind drei Sterne, wie drei Herdsteine". Hier werden die drei Sterne von *an-nasr al-wāqiʿ* (nr. 195a) lediglich mit dem Bild dreier *aṯāfī* verglichen, aber nicht regelrecht so benannt. Ṣūfī 68, 9 (Yehuda VIII, 2) überliefert das Wort dagegen als Eigenname: *wa-l-ʿāmma tusammīhi l-aṯāfī* „die Menge nennt ihn [scil. den Fallenden Adler] al-aṯāfī"; cf. o. p. 19 und 30 n.

19. *al-aṯāfī*

Auch die drei Sterne der fünften Mondstation *al-haqʿa* wurden mit drei *aṯāfī* „Herdsteinen" verglichen: Ibn Qutayba 41, 6 (*tušbih al-aṯāfī*) und 45, 9 (*fī hayʾat al-aṯāfī*). Aus Abū Ḥanīfa dagegen wird zitiert *wa-tusammā l-aṯāfī* „und sie [scil. *al-haqʿa*] wird al-aṯāfī genannt" (Ibn Sīda, *Muḫaṣṣaṣ* 9, 11 = Marzūqī 1, 189). Auch Ṣūfī führt den Ausdruck als regelrechten Eigennamen an (269, 1): *wa-qad ruwiya . . . wa-l-aṯāfī ayḍan tašbīhan bihī* „es wurde auch überliefert . . . sowie auch al-aṯāfī, wegen der Ähnlichkeit damit".

20. *awlād aḍ-ḍibāʿ*

„die Jungen der Hyänen". Ibn Qutayba 149, 14—150, 1: *kawākib ṣiġār ʿan yamīn aḍ-ḍibāʿ baynahā wa-bayna banāt naʿš* „kleine Sterne rechts von aḍ-ḍibāʿ [nr. 74], zwischen diesen und banāt naʿš [= εζη Ursae Maioris]". Ṣūfī 53, 6—8 (Yehuda V, 2) versucht, sie genauer zu identifizieren als 1., 2., 3. und 4. Stern im ptolemäischen Bild Bootes = κιθλ Bootis nebst den um diese her stehenden schwachen Sternen.

21a. *awlād aẓ-ẓibāʾ*

„die Jungen der Gazellen". Ibn Qutayba 67, 1 (bei den unter Mondstation 14 mitbehandelten Sternen): *kawākib ṣiġār fī-mā bayna ẓ-ẓibāʾ wa-l-qafazāt* „kleine Sterne zwischen aẓ-ẓibāʾ [nr. 329] und al-qafazāt [nr. 211a]". Ṣūfī 34, 1f. und 18—20 zählt besonders den 5. bis 8. externen Stern im ptolemäischen Bild Großer Bär = Fl. 10 Leonis Minoris; IX, 115; VIII, 245; Fl. 31 Lyncis hierzu, sowie all die zahllosen Sterne, die schwächer sind als Größe sechs und die Ptolemäus nicht aufgeführt habe.

21b. *awlād al-ġizlān*

„die Jungen der Gazellen". Bei Yehuda II, 4 wird der im vorangehenden Artikel genannte Name in dieser Nebenform überliefert: auled alguizlen (cf. u. *qafazāt aẓ-ẓibāʾ* bzw. *al-ġizlān*, nr. 211b, c).

22. *al-awwalān*

„die beiden Ersten". Ibn Māǧid, *Kitāb al-fawā'id*, Facsim. Ferrand, *Instructions Nautiques* I, Paris 1921—1923, fol. 8r, nennt $\alpha\beta$ Ursae Maioris *al-awwalān* (cf. auch unten *al-muqaddamān*, nr. 176).

23. *al-aʿyār*

„die Wildesel". Ibn Qutayba 157, 5: *wa-asfal min suhayl qadamā suhayl wa-fī maǧrā qadamay suhayl min ḫalfihimā kawākib zuhr kibār lā turā bi-l-ʿirāq yusammīhā ahl tihāma al-aʿyār* [Text *al-aʿbār*] „Unterhalb von suhayl [= α Carinae] sind die Füße des suhayl [s. u. *qadamā suhayl*, nr. 210], und in der Bahn der Füße des suhayl, hinter ihnen, sind große helle Sterne, die im ʿIrāq nicht zu sehen sind und die die Bewohner der Tihāma al-aʿyār nennen" (fast gleichlautend *Adab al-kātib* 96, 5—6, aber dort *bīḍ* „weiße" statt *zuhr* „helle" und *al-ḥiǧāz* „Ḥiǧāz" statt Tihāma). Marzūqī 2, 382, 15 zitiert ähnlich (aus Abū Ḥanīfa?): *wa-ḏakara Ibn al-Aʿrābī anna fī maǧrā qadamay suhayl min ḫalfihimā kawākib zuhr lā* [Text falsch: *allā*] *turā bi-l-ʿirāq yusammīhā ahl tihāma al-aʿyār*. Ṣūfī 302, 18f. schließlich schreibt: *wa-zaʿama qawm anna taḥta suhayl qadamay suhayl wa-anna taḥta qadamay suhayl kawākib zuhr bīḍ lā turā bi-l-ʿirāq wa-lā bi-naǧd wa-anna ahl tihāma tusammīhā l-baqar* [sic] *wa-lam yaḏkur baṭlamiyūs šay'an min ḏālika wa-lā nadrī ḥaqq huwa am bāṭil* „Es haben auch Leute behauptet, daß unterhalb suhayl die Füße des suhayl seien, und daß unter den Füßen des suhayl helle weiße Sterne seien, die im ʿIrāq und in Naǧd unsichtbar seien und die die Bewohner der Tihāma al-baqar ‚die Kühe' [sic, nicht *al-aʿyār*] nennen. Ptolemäus hat davon nichts erwähnt, und ich weiß nicht, ob es Wahrheit oder Unsinn ist." *suhayl*, α Carinae, steht bereits so tief am Südhimmel, daß er schon für Armenien (cf. *Lisān* 11, 350a [Druck Bayrūt 1955—1956] nach Ibn Kunāsa; ähnlich Ibn Qutayba, *Adab al-kātib* 95, 13f.) bzw. für Gegenden mit mehr als 38° 35′ nördlicher geographischer Breite (Ṣūfī 302, 11ff.) unsichtbar bleibt. So erklärt sich leicht die allgemeine Unsicherheit in der Identifizierung der mit *suhayl* zusammen beschriebenen Sterne. Ganz unmöglich aber ist es, Sterne, die tiefer als *suhayl* oder gar unter den „Füßen des *suhayl*" stehen, noch mit Sicherheit zu bestimmen. Dies gesteht auch Ṣūfī a. a. O. indirekt ein; eigenartig bleibt nur, daß er hier statt *al-aʿyār* den abweichenden Namen *al-baqar* gibt, was sich nicht leicht als Fehler der Textüberlieferung erklären läßt. Eine großzügige Interpretation der zitierten Stellen würde es erlauben, in den „großen weißen hellen" Sternen das Kreuz des Südens (von Ptolemäus mit in den Kentauren einbezogen) nebst $\alpha\beta$ Centauri zu erkennen, die tatsächlich in rund 90° Abstand hinter *suhayl* folgen und um durchschnittlich 8° südlicher, also tiefer stehen als *suhayl*. Die „Füße des *suhayl*" wären dann etwa $\varepsilon\iota$ Carinae, die rund 5° unterhalb *suhayl*, 30° hinter ihm stehen.

al-aʿzal siehe *as-simāk al-aʿzal*, nr. 269.

24. *al-aẓfār*

„die Krallen". Ibn Qutayba 151, 5: *wa-quddāmahū kawākib* ... „vor ihm [scil. α Lyrae] sind Sterne ..."; ähnlich Ṣūfī 68, 11 (Yehuda VIII, 1): *wa-quddāma n-nayyir kawākib ḫafīya* ... „vor dem hellen [= α Lyrae] sind schwache Sterne ...". Näher identifizieren kann er sie nicht, da die in Frage kommenden Sterne κμ Lyrae nicht zu den 1025 von Ptolemäus fixierten gehören.

25. *al-aẓfār*

„die Krallen". Ibn Qutayba 49, 2 (unter Mondstation 7): Zwischen den beiden *ḏirāʿ* (αβ Geminorum und αβ Canis Minoris) sind Sterne namens *al-aẓfār*. Etwas anders Ṣūfī 166, 9 (Yehuda XXIII, 1): *wa-qad ḏakarū anna bi-qurb aḏ-ḏirāʿ allatī yanzil bihā l-qamar kawākib ṣiġār* ... „Man berichtet auch, daß nahe derjenigen ḏirāʿ, bei der der Mond Station macht [αβ Geminorum], kleine Sterne seien ..."; er identifiziert sie als ρυ Geminorum, die nicht zu den 1025 von Ptolemäus fixierten gehören. Diese beiden würden etwa der von ihm überlieferten Definition entsprechen, nicht aber der Definition bei Ibn Qutayba, welche andererseits zu ungenau ist, als daß man auch für sie bestimmte Sterne ansetzen könnte.

26. *aẓfār aḏ-ḏiʾb*

„die Krallen des Wolfes". Ibn Qutayba 148, 9—11: nach Abu Ziyād al-Kilābī heißen kleine Sterne vor *aḏ-ḏiʾbān* (= ζη Draconis) *aẓfār aḏ-ḏiʾb*; nach anderen jedoch zwei Sterne rechts, wenn man auf *al-farqadān* (= βγ Ursae Minoris) blicke, die erscheinen, wenn *al-farqadān* hoch stehen, und die hoch stehen, wenn *al-farqadān* erscheinen (*iḏā ntaṣaba l-farqadāni ʿtaraḍā, wa-iḏā ʿtaraḍa l-farqadāni ntaṣabā*). Nach Ṣūfī 41, 14 (Yehuda III, 1) benennen die Araber *al-iṯnayn al-ḫafīyayn allaḏayn qabla ḏ-ḏiʾbayn* „die beiden schwachen [Sterne], die vor aḏ-ḏiʾbān stehen" mit dem vorliegenden Namen; diese beiden identifiziert er mit dem 20. und 21. Stern im ptolemäischen Bild Drache = fω Draconis. Seine Identifizierung ist jedoch nicht zwingend; die Definition „vor ζη Draconis" läßt auch A Draconis und seinen Nachbarn oder gh Draconis in Frage kommen.

al-ʿabūr siehe *aš-šiʿrā al-ʿabūr*, nr. 289 a.

27. *al-ʿaḍud*

„der Oberarm [der ausgestreckten rechten Hand der ṯurayyā]". Ibn Qutayba 34, 2: *kawākib mustaṭīla ḫafīya ka-kawākib aḏ-ḏirāʿ bayna l-mirfaq wa-ṯ-ṯurayyā* „der Länge nach angeordnete schwache Sterne, wie die Sterne des Unterarms [s. *aḏ-ḏirāʿ*, nr. 81], zwischen dem Ellenbogen [s. *al-mirfaq*, nr. 163] und den Plejaden". Genauer identifiziert Ṣūfī 85, 13 *al-ʿaḍud* mit dem 10., 22. und 23. Stern im ptolemäischen Bild Perseus = δνε Persei.

28. *al-ʿaḏārā*

Ibn Qutayba 48, 7; Ṣūfī 289, 7 (Yehuda XXXVII, 2): ein anderer Name für die *al-ʿuḏra* (nr. 311 a) genannten Sterne.

29. *ʿağz al-asad*

„das Hinterteil des Löwen". Ibn Qutayba 62, 9; Ṣūfī 321, 4 (Yehuda XLII, 2): ein anderer Name für die *ʿarš as-simāk al-aʿzal* (nr. 40) genannten Sterne. Bei Ibn Qutayba ist der Ausdruck in einem Zitat aus Ibn Kunāsa enthalten. Er resultiert übrigens aus der arabischen Darstellung des Tierkreisbildes Löwe, die von der in Griechenland eingebürgerten erheblich abweicht.

30. *ʿamūd aṣ-ṣalīb*

„der Schaft des Kreuzes". Nur Ṣūfī 116, 17 (Yehuda XVI, 1. 2) führt an, daß der nach Ptolemäus auf dem Schwanz des Delphins stehende Stern = ε Delphini von den Arabern *ʿamūd aṣ-ṣalīb* genannt sei (cf. u. *aṣ-ṣalīb*, nr. 277 a).

31. *al-ʿamūdān*

„die beiden Pfeiler". Bei den Nautikern Sulaymān al-Mahrī, *al-ʿUmda al-mahrīya*, Facsim. Ferrand, *Instructions Nautiques* II (Paris 1925) fol. 16rff., und Ibn Māğid, *Kitāb al-fawāʾid*, Facsim. ebda. I (Paris 1921—1923), fol. 8r, ein anderer Name für die beiden *al-ḥimārān* (nr. 124) genannten Sterne.

32. *al-ʿāna*

„die Wildeselherde". Nur Ibn Qutayba 81, 12 (bei den unter Mondstation 25 mitbehandelten Sternen): *al-ʿāna wa-hiya kawākib bīḍ asfal min as-suʿūd ilā l-ufq* „al-ʿāna, das sind weiße Sterne unterhalb der saʿd-Sterne auf den Horizont zu". Später zitieren die Lexika (*Qāmūs*; *Tāğ*; Lane s. v. *ʿwn*) die Definition fast gleichlautend hiermit. Die Definition „unterhalb der saʿd-Sterne" ist sehr ungenau; diese zehn Sterngruppen stehen etwa zwischen 305° und 345° RA, und zwischen + 30° und —15° Deklination; hierunter befindet sich das ptolemäische Bild des Südlichen Fisches mit seinen externen Sternen (heute Piscis Austrinus und Grus), die vor allem Ibn Qutaybas Definition entsprechen[1].

[1] An anderer Stelle (*Sternnamen* p. 215f. n. 1) hatte ich diese Wildeselherde *al-ʿāna* zu weiteren Esel- und Wildeselgestirnen gestellt, die im Kentauren gelegen sind. Nach Erscheinen von Ibn Qutaybas *anwāʾ*-Buch läßt sich das nicht mehr aufrechterhalten. Denn dessen Angaben wie *asfal min* „unterhalb von" drücken

33. *al-ʿanāq*

„die Ziege". Ibn Qutayba 147, 14; Ṣūfī 32, 9 (Yehuda II, 3): der Name des mittleren von den drei Sternen *banāt naʿš*, ζ Ursae Maioris.

34a. *ʿanāq al-arḍ*

„der Wüstenluchs". Ibn Qutayba 32, 8: *asfal min al-buṭayn fī-mā baynahū wa-bayna mirfaq al-kaff al-ḫaḍīb wa-huwa kawkab muḍīʾ* ... „unterhalb von al-buṭayn [εδϱ Arietis], zwischen diesem und mirfaq al-kaff al-ḫaḍīb [α Persei], und das ist ein heller Stern ...". Ṣūfī 129, 4—8 hat einige seiner Vorlagen, in denen ... *wa-huwa kawkab muḍīʾ* etc. „... und das ist einer heller Stern etc." eine Erklärung zu *mirfaq* = α Persei ist und nicht etwa zu *ʿanāq al-arḍ* selbst, mißverstanden. So identifiziert er *ʿanāq al-arḍ* nach der einen Überlieferungsgruppe mit dem 15. Stern des ptolemäischen Bildes Andromeda = γ Andromedae, dagegen nach der mißverstandenen Definition der anderen Gruppe als β Persei. Die Astronomen haben den Namen später nur der richtigen Tradition gemäß für γ Andromedae verwendet. In Ibn Qutaybas Definition scheint durch einen Überlieferungsfehler *asfal min* „unterhalb von" für richtiges *fawqa* „oberhalb von" eingetreten zu sein, das notwendig zu emendieren ist, um γ Andromedae zu bezeichnen; unterhalb von *al-buṭayn* befindet sich *al-kaff al-ǧaḏmāʾ*.

34b. *al-ʿanāq*

Bereits bei Ṣūfī 129, 5; 6 (Yehuda XIX, 1) wird der vorangehend behandelte Name auch in verkürzter Form gebraucht.

35. *al-ʿannāz*

„der Ziegenhirt". Nach Ṣūfī 91, 20 (Yehuda XII, 4. 5) ein anderer Name für *al-ʿayyūq* (nr. 47) = α Aurigae, den er damit erklärt, daß die beiden benachbarten Sterne ζη Aurigae *al-ǧadyān* (nr. 104) heißen. Möglicherweise sind jedoch diese beiden Namen wie auch *al-ʿanz* (nr. 36) gar nicht arabisch, sondern beruhen auf der griechischen Bezeichnung von α Aurigae als *Αἴξ*, Capella, und ζη Aurigae als *Ἔριφοι*, Haedi.

36. *al-ʿanz*

„die Ziege". Nach Ṣūfī 92, 1 (Yehuda XII, 6) ein anderer Name für *al-ʿayyūq* (nr. 47; cf. auch oben *al-ʿannāz*, nr. 35). Nicht viel später schreibt auch al-Ḫwārizmī, *Mafātīḥ al-ʿulūm*, ed. van Vloten (Leiden 1895) p. 209ff.: ... *al-ʿanz wa-huwa l-ʿayyūq*.

auf keinen Fall Abstände in einer Größenordnung von über 80° aus. Mit solchen Bezeichnungen werden immer Gestirne definiert, die sich unmittelbar an dasjenige anschließen, auf das sich die Definition bezieht. Also muß es sich auch bei *al-ʿāna* um Sterne handeln, die sich innerhalb der von den *saʿd*-Sternen erfaßten Rektaszensionen halten und lediglich größere südliche Deklination besitzen.

37. *al-ʿanz*

„die Ziege“. Nach Ṣūfī 91, 19 (Yehuda XII, 6) wurde auch ein Stern, den er mit dem 7. im ptolemäischen Bild Fuhrmann = ε Aurigae identifiziert, *al-ʿanz* genannt. Dieser Name wurde gelegentlich in *al-maʿz* „die Ziegen“ verlesen.

38a. *al-ʿarquwa as-suflā*

„das untere Querholz“. Ibn Qutayba 82, 5; Ṣūfī 122, 9 (Yehuda XVIII, 2): ein anderer Name für die beiden *al-farġ al-awwal* (nr. 92a) genannten Sterne.

38b. *al-ʿarquwa al-ʿulyā*

„das obere Querholz“. Ibn Qutayba 82, 5; Ṣūfī 122, 7 (Yehuda XVIII, 1): ein anderer Name für die beiden *al-farġ aṯ-ṯānī* (nr. 93a) genannten Sterne.

39. *ʿarš al-ǧawzāʾ*

„Thron der ǧawzāʾ“. Nur Ṣūfī 283, 12 berichtet, daß dies ein anderer Name für die sonst *kursī al-ǧawzāʾ* [*al-muʾaḫḫar*] (nr. 148a, b) genannten vier Sterne sei.

40. *ʿarš as-simāk al-aʿzal*

„Thron des unbewaffneten simāk“. Ibn Qutayba 62, 11 (bei den unter Mondstation 14 mitbehandelten Sternen): *arbaʿat kawākib bayna yaday as-simāk al-aʿzal munḥadira ʿanhu fī l-ǧanūb murabbaʿa ʿalā ṣūrat an-naʿš* „vier Sterne vor as-simāk al-aʿzal [= α Virginis], schräg unterhalb im Süden im Viereck, wie die Form von an-naʿš [αβγδ Ursae Maioris]“; auch erwähnt 73, 5. Ṣūfī 321, 4 (Yehuda XLII, 3; auch 313, 5) identifiziert sie kurzerhand mit dem gesamten ptolemäischen Bild Rabe, das aus sieben Sternen besteht; genauer sind jedoch die vier Sterne βγδε Corvi gemeint.

41. *al-ʿātiq*

„das Schulterblatt [der ausgestreckten rechten Hand der ṯurayyā]“. Ibn Qutayba 34, 4: *kawkab laysa bi-n-nayyir* „ein nicht heller Stern“ (zwischen der „Schulter“ *al-mankib* und den Plejaden). Anders bezeichnet Ṣūfī 85, 14 zwei Sterne als *al-ʿātiq* und identifiziert sie mit dem 25. und 26. Stern im ptolemäischen Bild Perseus = οζ Persei. Anschließend kritisiert er die Angaben einiger *anwāʾ*-Autoren, die ähnlich wie Ibn Qutayba zwei Sterne zwischen der „Schulter“ *al-mankib* und den Plejaden als *al-ʿātiq* bezeichnen; die Ursache für diese Abweichung liegt offenbar in der unterschiedlichen Definition von *al-mankib* (nr. 157).

42. *al-ʿawāʾiḏ*

„[Kamel-]Mütter, die ihre sieben Tage alten Jungen bei sich haben". Ibn Qutayba 148, 13: vier Sterne *ʿan yasār an-nasr al-wāqiʿ fī-mā baynahū wa-bayna banāt naʿš* „links von an-nasr al-wāqiʿ [= α Lyrae], zwischen diesem und banāt naʿš [= εζη Ursae Maioris]". Ṣūfī 41, 10 (Yehuda III, 3) identifiziert diese vier mit dem 2., 3., 4. und 5. Stern im ptolemäischen Bild Drache = νβξγ Draconis. In den Handschriften von Ibn Māǧid und Sulaymān al-Mahrī (Facsim. FERRAND, *Instructions Nautiques* I/II, Paris 1921—1923 und 1925) erscheint der Name häufig verschrieben in *al-farāqid*; cf. *Tāǧ*, oben p. 12 n. 2.

43. *al-ʿawhaqān*

„die beiden schwarzen Stiere (oder: Raben)". Nach Ṣūfī 41, 13 ein anderer Name für die beiden *aḏ-ḏiʾbān* (nr. 79) genannten Sterne; auch bei Marzūqī 2, 374, 4 (offenbar aus Abū Ḥanīfa).

44. *al-ʿawwāʾ*

Mondstation 13. Ibn Qutayba 60, 14: vier Sterne hinter *aṣ-ṣarfa* (= β Leonis), sie ähneln einem ungeteilten (*ġayr mašqūqa*) kāf oder auch einem unten ausgezogenen (*mamdūdat al-asfal*)[1] alif. Ṣūfī 193, 2—8 (Yehuda XXVI, 2) fand in einem Teil seiner Quellen unter diesem Namen fünf Sterne verzeichnet, die er mit dem 5., 6., 7. [dieser stehe *fī zāwiyat al-kāf* „an dem Winkel des (Buchstabens) kāf"], 10. und 13. Stern des ptolemäischen Bildes Jungfrau = βηγδε Virginis identifiziert; er fügt aber hinzu (193, 9), daß einige den von ihm mit dem 10. ptolemäischen = δ Virginis identifizierten Stern fortließen und die restlichen vier *al-ʿawwāʾ* nannten. Die Bedeutung des Namens ist nicht sicher feststellbar; die arabischen Grammatiker selbst schwanken zwischen der Ableitung aus *ʿawā* „heulen, jaulen" (und sehen dann hier vier bzw. fünf Hunde, die hinter dem Löwen herbellen) oder *ʿawā* „biegen" (weil die Figur am unteren Ende umgebogen sei).

45. *ʿawwāʾ al-bard*

„die ʿawwāʾ der Kälte". Ṣūfī 193, 14, auch Ibn Sīda, *Muḫaṣṣaṣ* 9, 11 = Marzūqī 1, 192 (aus Abū Ḥanīfa): ein anderer Name für die *al-ʿawwāʾ* genannten Sterne.

46a. *ʿayn al-asad*

„das Auge des Löwen". Marzūqī 1, 191, 7 (aus Abū Ḥanīfa): eine andere Bezeichnung für die beiden *aṭ-ṭarf* (nr. 304a) genannten Sterne.

[1] Die gleiche Stelle lautet bei Qazwīnī, ed. WÜSTENFELD p. 47, unter *al-ʿawwāʾ*: *mardūdat al-asfal* „unten zurückgebogenen . . .".

46b. *ʿaynā l-asad*

„die Augen des Löwen“. Die im vorangehenden Artikel genannte Bezeichnung überliefern Farġānī, Kapitel 20 und Ṣūfī 173, 14 im Dual.

47. *al-ʿayyūq*

Der bekannte helle Stern α Aurigae. Ibn Qutayba 34, 12; 35, 8 (unter den bei Mondstation 3 mitbehandelten Sternen): *wa-mawḍiʿ al-ʿayyūq warāʾa ṯ-ṯurayyā fī ǧānib al-maǧarra al-ayman wa-huwa kawkab abyaḍ azhar munīr wa-huwa ilā l-quṭb aqrab min aṯ-ṯurayyā kaṯīran* „der Platz von α Aurigae ist hinter den Plejaden auf der rechten Seite der Milchstraße, er ist ein weißer heller leuchtender Stern, und er steht viel näher zum [Nord-]Pol als die Plejaden“; in *Adab al-kātib* 95, 6 nur kurz: *wa-l-ʿayyūq fī ṭaraf al-maǧarra al-ayman*. Der *Lisān* s. v. *ʿyq* definiert ihn als *kawkab aḥmar muḍīʾ bi-ḥiyāli ṯ-ṯurayyā* „ein roter leuchtender Stern gegenüber den Plejaden“, wobei das *aḥmar* „rot“ aber fehl am Platze ist, denn α Aurigae gehört nicht zu den rötlichen Sternen (cf. den Exkurs von Nallino, *Opus astronomicum* II [Mailand 1907], 283—289). Ṣūfī 91, 18 (Yehuda XII, 1). Die Bedeutung des Namens ist unbekannt; vielleicht stellt ihn Hommel, ZDMG 45 (1891), p. 595f., mit Recht zu babyl. *īqu* „Ziege“, wie ihn ja auch die Griechen *Αἴξ*, Capella, nennen, so daß möglicherweise für beide Namen ein gemeinsamer altorientalischer Ursprung anzunehmen wäre.

48. *ʿayyūq aṯ-ṯurayyā*

Ṣūfī 92, 4 (Yehuda XII, 2); Marzūqī 2, 377, 2 (aus Abū Ḥanīfa): ein anderer Name für den sonst *al-ʿayyūq* (nr. 47) genannten Stern.

49. *al-ʿnq* (?)

Nur Ibn Qutayba 149, 6: *wa-l-ʿnq kawākib mustadīra quddāma banāt naʿš al-kubrā wa-hiya taṭluʿ maʿa ṭulūʿ al-ǧabha* „al-ʿnq sind kreisförmig angeordnete Sterne vor banāt naʿš al-kubrā [= αβδγεζη Ursae Maioris], sie gehen auf zusammen mit al-ǧabha [Mondstation 10, ζγηα Leonis]“. Cf. auch Marzūqī 2, 378, 20 (aus Abū Ḥanīfa?; hier muß es jedoch, wie die Parallelstelle bei Ṣūfī 92, 8 zeigt, statt *al-ʿnq* heißen *al-ʿayyūq* = α Aurigae). Diese Definition umschreibt offenbar die gleichen Sterne, die sonst (auch bei Ibn Qutayba 67, 2) *al-ḥawḍ* (nr. 122) heißen.

50. *al-ʿrfān*

„die beiden ʿrf“. Bei Sulaymān al-Mahrī, *al-ʿUmda al-mahrīya*, Facsim. Ferrand, *Instructions Nautiques* II (Paris 1925), fol. 16rff., ein anderer Name für die beiden *al-ḥimārān* (nr. 124) genannten Sterne.

51. *al-balda*

„der Platz". Mondstation 21. Ibn Qutayba 75, 6: *ruqʿa min as-samāʾ lā kawākib bihā bayna n-naʿāʾim wa-bayna saʿd aḏ-ḏābiḥ* „eine Stelle am Himmel, an der keine Sterne stehen, zwischen an-naʿāʾim [= $\gamma\delta\varepsilon\eta\sigma\varphi\tau\zeta$ Sagittarii] und saʿd aḏ-ḏābiḥ [= $\alpha\beta$ Capricorni]"; Ibn Sīda, *Muḫaṣṣaṣ* 9, 12 zitiert von Abū Ḥanīfa eine Definition, die fast wörtlich mit Ibn Qutaybas übereinstimmt: *ruqʿa min as-samāʾ lā kawkab fīhā bayna n-naʿāʾim wa-saʿd aḏ-ḏābiḥ*; ähnlich auch Farġānī, Kapitel 20: *furǧa min as-samāʾ tatbaʿu n-naʿāʾim ṣaġīra laysa fīhā kawkab* „ein kleiner Zwischenraum am Himmel hinter an-naʿāʾim, worin kein Stern steht". Etwas anders lautet die Definition von Ṣūfī 220, 13 (Yehuda XXIX, 1): *al-mawḍiʿ al-ḫālī taḥta l-qilāda allaḏī laysa fīhi l-kawkab* „der freie Platz unter al-qilāda [= $\xi o\pi d\varrho v$ Sagittarii], in dem kein Stern[1] steht". Beide Definitionen umgrenzen die Gegend um Fl. 53, $\chi^{1,2}$, $h^{1,2}$ Sagittarii.

52. *baldat aṯ-ṯaʿlab*

„der Fuchsbau". Ibn Qutayba 86, 13: *bayna d-dalw wa-s-samaka* „zwischen ad-dalw [= $\alpha\beta\gamma\delta$ Pegasi] und as-samaka [dem „Fisch", dessen „Bauch" β Andromedae ist]"; Ṣūfī 122, 18 (Yehuda XVIII, 3): *al-buqʿa allatī bayna l-farġ aṯ-ṯānī wa-bayna s-samaka min as-samāʾ* „die Gegend des Himmels, die zwischen al-farġ aṯ-ṯānī [= $\delta\gamma$ Pegasi] und as-samaka [s. o.] liegt".

53. *al-bāliʿ*

„der Verschlinger". Nur Ibn Qutayba 78, 1: *saʿd bulaʿ wa-huwa naǧmān mustawiyān fī l-maǧrā aḥaduhumā ḫāfī wa-yusammā bāliʿan li-annahū kāna balaʿa l-āḫar al-ḫāfī wa-aḫaḏa ḍawʾahū* „saʿd bulaʿ, das sind zwei Sterne in gleicher Höhe, einer davon ist schwach; er wird bāliʿ genannt, weil er den anderen, kleineren verschluckt und sich sein Licht genommen hat". Offenbar ist der Name auf den helleren der beiden Sterne zu beziehen, was ε Aquarii wäre. Bei Ṣūfī besteht die Station aus drei Sternen (Fl. 7, $\mu\varepsilon$ Aquarii), von denen Fl. 7 äußerst schwach ist, $\mu\varepsilon$ dagegen von mittlerer Helligkeit; p. 239, 3 heißt es dann: *fa-summiya l-iṯnān bulaʿan* „die beiden [d.h. $\mu\varepsilon$] werden bulaʿ genannt". Wahrscheinlich dürfte es sich auch bei Ibn Qutaybas *bāliʿ* nicht um einen eigenen Namen handeln, sondern ähnlich wie bei Ṣūfī um einen Erklärungsversuch für das überlieferte *bulaʿ*.

54. *balqīn* (?)

Nur Ibn Qutayba 152, 8: *wa-maʿahū naǧm yuqālu lahū blqyn* „und bei ihm [scil. α Carinae] ist ein Stern, der blqyn [?] genannt wird". Die

[1] Die Übersetzung ist sinngemäß. Der Text erfordert hier, parallel zu den anderen Überlieferungen, *kawkab* (ohne Artikel *al-*).

Definition könnte *τ* Puppis bezeichnen, der zu den schwächeren der dritten Größe gehört und etwa 8° hinter *α* Carinae steht, etwas höher als dieser. Form und Bedeutung des Namens sind vollkommen ungewiß; cf. unten *suhayl blqyn*, nr. 273a.

55. banāt naʿš (al-kubrā)

„(das größere Bild) Töchter des naʿš". Ibn Qutayba 147, 12: *bi-l-qurb min aṣ-ṣuġrā wa-hiya sabʿat anğum zāhira an-naʿš minhā arbaʿa wa-ṯ-ṯalāṯa banāt* „nahe dem kleineren Bild [= Ursa Minor], es sind sieben auffällige Sterne, naʿš [„Sarg" ?] sind vier davon, und drei sind banāt ,Töchter'". Ṣūfī 32, 4ff. (Yehuda II, 5) identifiziert richtig die vier Sterne des *naʿš* mit dem 16., 17., 18. und 19. = *αβδγ* und die drei *banāt* mit dem 25., 26. und 27. Stern des ptolemäischen Bildes Großer Bär = *εζη* Ursae Maioris. Die Auffassung von *naʿš* als „Sarg" dürfte spätere Volksetymologie sein (cf. u. a. HOMMEL, ZDMG 45 [1891], p. 594f.).

56. banāt naʿš aṣ-ṣuġrā

„das kleinere Bild Töchter des naʿš". Ibn Qutayba 145, 17ff.: *wa-hiya aqrab mašāhīr al-kawākib ilā l-quṭb wa-hiya sabʿat kawākib ʿalā šabīh bi-taʾlīf banāt naʿš al-kubrā arbaʿa minhā naʿš wa-ṯalāṯa banāt* „die polnächsten unter den bekannten Sternen, es sind sieben Sterne von ähnlicher Anordnung wie banāt naʿš al-kubrā [= *αβδγεζη* Ursae Maioris], vier von ihnen sind naʿš und drei banāt"; ganz ähnlich in *Adab al-kātib* 94, 1: *bi-qurb al-kubrā miṯl taʾlīfihā arbaʿa minhā naʿš wa-ṯalāṯa banāt.* Ṣūfī 27, 19 (Yehuda I, 2) identifiziert nicht im einzelnen, sondern wiederholt lediglich, daß die vier Sterne im Viereck (*βγζη* Ursae Minoris) *naʿš* seien und die drei auf dem Schwanz (*εδα* Ursae Minoris) *banāt.*

57. banū naʿš

„Söhne des naʿš". Nach Ṣūfī 32, 5 (Yehuda I, 3; II, 6) ein anderer Name für die sonst *banāt naʿš* (*al-kubrā*) genannten Sterne.

58a. al-baqar

„die Kühe". Ibn Qutayba 32, 7: *wa-ʿan yamīnihā l-baqar wa-hiya kawākib mutafarriqa tattaṣilu bi-ṯ-ṯurayyā* „rechts von ihr [scil. *al-kaff al-ğaḏmāʾ*] sind al-baqar ,die Kühe', das sind verstreute Sterne, die mit den Plejaden in Verbindung stehen"; noch genauer Marzūqī 2, 379, 1 (aus Abū Ḥanīfa?): *ʿan yamīn al-kaff al-ğaḏmāʾ al-baqar asfal min al-kaff al-ğaḏmāʾ muttaṣila bi-ṯ-ṯurayyā* (rechts unterhalb von *al-kaff al-ğaḏmāʾ*). Ṣūfī 261, 4f.: *wa-qad ruwiya anna ğamīʿ kawkabat qayṭus tusammā l-baqar wa-ḥukiya ḏālika ʿan al-arab ʿamman lā maʿrifa lahū bi-l-kawākib* „es wurde auch überliefert, daß das gesamte [ptolemäische] Sternbild Cetus [= Walfisch] al-baqar ,die

Kühe' genannt werde, aber das hat man von jemandem von den Arabern berichtet, der keine Kenntnis der Gestirne besaß". Seine Identifizierung mit dem gesamten ptolemäischen Bild Walfisch stimmt nicht mit Ibn Qutaybas und Abū Ḥanīfa/Marzūqīs Definition überein, nach der *al-baqar* Sterne rechts unterhalb von *al-kaff al-ǧaḏmā'* = $\lambda\alpha\gamma\delta\nu\mu$ Ceti (was bei Ptolemäus dem Kopf des Walfisches entspricht) sein sollen, für welche demnach nur Leib und Schwanz des Walfisches in Frage kommen; das wären etwa dieselben Sterne, die sonst *an-naʿāmāt* (nr. 184) heißen.

58b. *al-baqar*

„die Kühe". Nur Ibn Qutayba 41, 4 (unter den bei Mondstation 4 mitbehandelten Sternen) erwähnt: *wa-ḥiḏā'a d-dabarān kawākib yuqālu lahā l-baqar* „gegenüber von ad-dabarān [= α Tauri] sind Sterne, die al-baqar genannt werden". Pellat (ebda. n. 1) ist der Ansicht, daß damit dieselben Kühe gemeint sind wie p. 32, 7 (siehe den vorangehenden Artikel). Da Parallelen hierzu nicht vorliegen und da die zitierte sehr ungenaue Definition auch diese bezeichnen könnte, muß Pellats Auslegung als gültig angenommen werden.

59. *al-baqar*

„die Kühe". Ṣūfī 302, 20 nennt als Namen gewisser Sterne, die sonst *al-aʿyār* (nr. 23) heißen, abweichend *al-baqar*.

60. *al-bār*

Sulaymān al-Mahrī, *al-ʿUmda al-mahrīya*, Facsim. Ferrand, *Instructions Nautiques* II (Paris 1925), fol. 16rff.: *al-ʿayyūq yusammā l-bār aṯ-ṯurayyā* [sic] „al-ʿayyūq [= α Aurigae] wird al-bār aṯ-ṯurayyā [sic] genannt". Zu diesem offenbar korrupten Text ist zu vergleichen Ibn Māǧid ebda. I (Paris 1921—1923), fol. 129r: *iḏā ḏakartu n-naǧm kāna huwa ṯ-ṯurayyā wa-l-bār huwa ʿayyūquhā* „wenn ich von an-naǧm [nr. 186] spreche, so ist das aṯ-ṯurayyā [= die Plejaden], und al-bār ist ihr ʿayyūq" (cf. o. *ʿayyūq aṯ-ṯurayyā*, nr. 48). Hieraus geht klar hervor, daß um 1500 α Aurigae auch *al-bār* genannt wurde. Herkunft und Bedeutung dieses Wortes, das in der klassischen Literatur nicht auftritt, sind unbekannt.

61. *al-bāṭiya*

„der Krug". Nur Ṣūfī 112, 3—13 (im Zusammenhang mit dem ptolemäischen Sternbild Adler) erwähnt, daß zwischen dem hellen Stern auf dem Schwanz des Adlers = ζ Aquilae und demjenigen auf dem Schnabel des Schwanes = β Cygni an der schmalen Stelle des kleinen Teiles der Milchstraße das Bild eines „Kruges" *bāṭiya* sei, auf dessen östlichem Rand die nebelähnlichen Doppelsterne Fl. 4, 5 Vulpeculae stehen und auf dem westlichen ζ Aquilae, während seine Öffnung auf α Aquilae zeige und der Boden nach Norden. Dies Gestirn unterscheidet sich durch seine ungewisse Beschreibung grundsätzlich von den sonstigen arabischen Sternbildern; Ṣūfī erwähnt auch nicht, daß der Name von den Arabern her überliefert sei (cf. o. p. 26).

62. *al-baṭn*

„der Bauch". Ṣūfī 142, 19; auch Ibn Sīda, *Muḫaṣṣaṣ* 9, 10 = Marzūqī 1, 187 (aus Abū Ḥanīfa): ein anderer Name für die sonst *al-buṭayn* (nr. 68) genannten Sterne.

63. *baṭn al-ḥamal*

„der Bauch des Widders". Farġānī, Kapitel 20 und Ibn Qutayba 21, 1: eine Bezeichnung für die sonst *al-buṭayn* (nr. 68) genannten Sterne, die auf der arabischen Auffassung des Tierkreisbildes Widder beruht.

64a. *baṭn al-ḥūt*

„der Bauch des Fisches". Mondstation 28. Ṣūfī 128, 18; 129, 1 (Yehuda XIX, 2): ein Stern, den Ṣūfī mit dem 12. des ptolemäischen Bildes Andromeda = β Andromedae identifiziert.

64b. *baṭn as-samaka*

„der Bauch des Fisches". Ibn Qutayba 85, 1 nennt denselben Stern *baṭn as-samaka*; so auch Marzūqī 1, 315, 2.

65. *al-bayḍ*

„die Eier". Nur Ṣūfī 277, 20 (Yehuda XXXV, 3): ein Name für die um das Straußennest (siehe *udḥī an-naʿām*, in Eridanus und Cetus, nr. 308) herumstehenden Sterne; cf. nr. 227.

66. *al-birǧīs*

Ṣūfī 92, 7: *wa-ḏakara aṣḥāb kutub al-anwāʾ fī ḥikāyātihim ʿan al-ʿarab anna bayna ʿātiq aṯ-ṯurayyā wa-bayna l-ʿayyūq kawkabayn taḥta l-maǧarra yusammayāni l-mrǧf wa-l-birǧīs* „die anwāʾ-Autoren erwähnen in ihren Berichten von den Arabern, daß zwischen ʿātiq aṯ-ṯurayyā [= οζ Persei] und al-ʿayyūq [= α Aurigae] unterhalb der Milchstraße zwei Sterne seien, die al-mrǧf und al-birǧīs genannt würden". Weiter stellt Ṣūfī fest, daß dort nur zwei Sterne stehen, die dieser Definition entsprechen könnten: der 10. im ptolemäischen Bild Fuhrmann = ι Aurigae und der 21. im ptolemäischen Bild Perseus = e Persei; jedoch sei nicht überliefert, welcher von den beiden *al-mrǧf* und welcher *al-birǧīs* sei. Wenn es diese nicht seien, fährt er fort, so könnten es nur zwei ganz kleine, weniger als 45′ auseinander stehende in der Mitte zwischen *οζ* Persei und *α* Aurigae sein, die Ptolemäus nicht beschrieben habe, da sie kleiner als die von ihm aufgestellten sechs Größenklassen seien. Die gleichen beiden Sterne werden bei Marzūqī 2, 378, 20 *al-mrǧf* und *al-brḫs* genannt. Lesung und Auffassung der beiden Wörter in diesem Zusammenhang sind ungewiß[1].

67. *al-burūk*

„die niederknieenden Kamele". Nach den arabischen Lexika (siehe Lane s. v. *brk*) ein gemeinsamer Name für die 16. bis 19. Mondstation, die zusammen von den Sternen des ptolemäischen Bildes Skorpion gebildet werden.

68. *al-buṭayn*

„das Bäuchlein". Mondstation 2. Ibn Qutayba 20, 16; Ṣūfī 142, 17 (Yehuda XXI, 1) identifiziert die drei Sterne mit dem 7., 8. und 11. des ptolemäischen Bildes Widder = *εδϱ* Arietis. Er fügt hinzu (143, 1ff.), viele *anwāʾ*-Autoren sähen darin vier Sterne „rechts von *al-mankib*" (= *οζ* Persei, nach deren Definition; cf. Ibn Qutayba 34, 4), welche er mit dem 2., 3., 4. und 5. externen Stern des ptolemäischen Bildes Widder = Fl. 41 (c), 39, 35, 33 Arietis identifiziert.

69. *ad-dabarān*

Der bekannte Stern *α* Tauri. Mondstation 4. Ibn Qutayba 37, 5: *kawkab aḥmar munīr yatlū t-ṯurayyā* „ein roter, leuchtender Stern, der den Plejaden folgt"; Ṣūfī 154, 1 (Yehuda XXII, 1): *an-nayyir al-aḥmar al-ʿaẓīm* „der helle rote große"; Abū Ḥanīfa bei Ibn Sīda, *Muḫaṣṣaṣ* 9, 10: *al-kawkab al-aḥmar allaḏī ʿalā iṯri t-ṯurayyā* „der rote Stern, der hinter den Plejaden steht". Der Name wird von den Arabern gemäß der Bedeutung der Wurzel *dbr* sowie entsprechend der Stellung des Sterns (zu den Plejaden) gedeutet als „der [den Plejaden] nachfolgende" (*summiya dabarānan li-dubūrihī t-ṯurayyā*, Abū Ḥanīfa bei Ibn Sīda, *Muḫaṣṣaṣ* 9, 10; Ṣūfī 154, 2. *wa-bi-stidbārihī t-ṯurayyā summiya dabarānan*, Ibn Qutayba 37, 6; Qazwīnī bei Mondstation 4); cf. Hommel, ZDMG 45 (1891), p. 601 n. 3.

---

[1] Vielleicht ist *al-birǧīs* (bzw. *al-birǧis*, wie Marzūqīs *al-brḫs* zu emendieren wäre) hier „die reichlich Milch gebende [Kamelin]", und *al-muzḥif* (wie mit veränderter Punktierung zu lesen wäre statt *al-mrǧf*) „das erschöpfte, die Füße schleppende (oder: still stehende) Kamel". Sonst ist das Wort *al-birǧīs* in der arabischen Sprache bekannt als Name des Planeten Jupiter (meist *al-muštarī*), cf. *Lisān* (Druck Bayrūt 1955—56) 6, 26a und den dort zitierten ḥadīṯ über die *kawākib al-ḫunnas*; auch Ibn Qutayba 126, 14 — 127, 3 mit einem Zitat von Ruʾba b. al-ʿAǧǧāǧ. Bei Ibn Sīda, *Muḫaṣṣaṣ* 9, 36 werden *al-birǧis* und *al-birǧīs* mit *bahrām* und *al-mirrīḫ* „Mars" gleichgesetzt; cf. *Lisān* a.a.O.

70. *ad-dābir*

Nach Ṯaʿlab bei Marzūqī 1, 260 ein anderer Name für den sonst *ad-dabarān* (nr. 69) genannten Stern.

71. *ad-dabīr*

Ein anderer Name für den sonst *ad-dabarān* (nr. 69) genannten Stern bei Ibn Māǧid, *Kitāb al-fawāʾid*, Facsim. FERRAND, *Instructions Nautiques* I (Paris 1921—1923), fol. 10v, 3 v. u. — vielleicht im Deminutiv *ad-dubayr* zu lesen (cf. *Sternnamen* p. 109 n. 1).

72. *ad-dalw*

„der (lederne) Wasserschöpfeimer". Ibn Qutayba 32, 2: *arbaʿat kawākib wāsiʿa murabbaʿa* „vier Sterne in einem weiten Viereck"; von Ṣūfī 122, 5 (Yehuda XVIII, 4; XXXI, 2) mit dem 1., 2., 3. und 4. Stern im ptolemäischen Bild Pegasus = $\delta\gamma\beta\alpha$ Pegasi identifiziert.

73. *aḍ-ḍayqa* (*aḍ-ḍīqa*)

„die Enge". Name für die Gegend oder für zwei Sterne zwischen α Tauri und den Plejaden. Ibn Qutayba 39, 1: *mā bayna d-dabarān wa-ṯ-ṯurayyā*, aber Zeile 5: *kawkabān ka-l-multaṣiqayn ṣaġīrān bayna n-naǧm wa-d-dabarān wa-sammāhumā ġayruhū l-kalbayn* [cf. nr. 144]; auch 86, 4: *an-naǧmān aṣ-ṣaġīrān al-mutaqāribān*. Aber Abū Ḥanīfa bei Ibn Sīda, *Muḫaṣṣaṣ* 9, 12 (= Marzūqī 1, 196, 3 v. u.): *wa-l-furǧa allatī bayna ṯ-ṯurayyā wa-d-dabarān yuqālu lahā ḍ-ḍayqa*; ähnlich Ṣūfī 154, 14: *wa-innamā summiyat al-furǧa allatī bayna ṯ-ṯurayyā wa-d-dabarān aḍ-ḍayqa*.

74. *aḍ-ḍibāʿ*

„die Hyänen". Ibn Qutayba 149, 14: *asfal min banāt naʿš* „unterhalb von banāt naʿš [= $\varepsilon\zeta\eta$ Ursae Maioris]"; Ṣūfī 53, 6 identifiziert diese Sterne genauer mit denen, die auf dem Kopf, den beiden Schultern und dem Stab des ptolemäischen Bildes Bootes (Sterne 6, 5, 7, 8 und 9 nach Ptolemäus) = $\beta\gamma\delta\mu\nu$ Bootis stehen, und nach 63, 14 (Yehuda VII, 2) zählt er auch noch den 11., 23., 24., 25., 26., 27. und 28. im ptolemäischen Bild Herkules = $\zeta\eta\sigma\tau\varphi\upsilon\chi$ Herculis dazu.

75a. *aḍ-ḍifdiʿ al-awwal*

„der erste Frosch". Ṣūfī 239, 15 und 261, 2 identifiziert diesen Stern mit dem 42. im ptolemäischen Bild Wassermann = α Piscis Austrini.

75b. *aḍ-ḍifdiʿ al-muqaddam*

„der vordere Frosch". Die von Yehuda benutzte Ṣūfī-Version (XXXI, 3) hatte beim gleichen Stern *al-muqaddam* statt *al-awwal*. Auch Ibn Qutayba 81, 15 (bei den unter Mondstation 25 mitbehandelten Sternen) gibt den Namen in dieser Form.

76a. *aḍ-ḍifdiʿ aṯ-ṯānī*

„der zweite Frosch". Ṣūfī 261, 1 und 239, 16 (Yehuda XXXIII, 2) identifiziert diesen Stern mit dem 22. im ptolemäischen Bild Walfisch = β Ceti.

76b. *aḍ-ḍifdiʿ al-muʾaḫḫar*

„der hintere Frosch". Ibn Qutayba 81, 15 bezeichnet den gleichen Stern mit diesem Ausdruck. Er gibt von beiden „Fröschen" keine eigene Beschreibung, sondern führt sie nur im Zusammenhang mit dem „Schiff" *as-safīna* (s. u. nr. 259) auf.

77. *aḏ-ḏakar*

„membrum virile". Nach Ibn Durayd bei Ibn Sīda, *Muḫaṣṣaṣ* 9, 36 ein anderer Name für *as-simāk ar-rāmiḥ* = α Bootis. Es ist möglich, daß es sich hierbei nicht um einen echt arabischen Namen handelt, sondern um eine aus Ptolemäus abgeleitete Denomination. Der Stern steht nämlich gemäß Ptolemäus im Bootes *bayna faḫiḏayhi* „zwischen seinen Schenkeln" (Ṣūfī 52, 6), woraus sich die vorliegende Bezeichnung *aḏ-ḏakar* für ihn leicht entwickeln läßt; in der arabischen Astrognosie dagegen würde das Wort ohne erkennbare Beziehung dastehen.

78. *ḏawāʾib al-ǧawzāʾ*

„die Haarlocken der ǧawzāʾ". Ṣūfī 269, 18 (Yehuda XXXIV, 2): ein anderer Name für die *tāǧ al-ǧawzāʾ* (nr. 295) genannten Sterne.

79. *aḏ-ḏiʾbān*

„die beiden Wölfe". Ibn Qutayba 148, 8: *kawkabān bayna l-ʿawāʾiḏ wa-l-farqadayn baynahumā qadr ṯalāṯat aḏruʿ fī raʾy al-ʿayn* „zwei Sterne zwischen al-ʿawāʾiḏ [= $\nu\beta\xi\gamma$ Draconis] und al-farqadān [= $\beta\gamma$ Ursae Minoris], zwischen denen dem Augenschein nach ein Abstand von drei ḏirāʿ [bei Ṣūfī 1 *ḏirāʿ* = 2° 20′] ist". Die Definition ist sehr klar. So kann auch Ṣūfī 41, 13 (Yehuda III, 5) diese beiden einwandfrei mit dem 24. und 25. Stern im ptolemäischen Bild Drache = $\zeta\eta$ Draconis identifizieren.

80. *aḏ-ḏīḫ*

„die männliche Hyäne". Ibn Qutayba 150, 2: *kawkab aḥmar fawqa ḍ-ḍibāʿ bayna banāt naʿš wa-bayna n-nasr al-wāqiʿ* „ein roter Stern oberhalb von aḍ-ḍibāʿ [nr. 74], zwischen banāt naʿš [= $\varepsilon\zeta\eta$ Ursae Maioris] und an-nasr al-wāqiʿ [= α Lyrae]". Ṣūfī 42, 4 (Yehuda III, 6) identifiziert ihn mit dem 27. Stern des ptolemäischen Bildes Drache = ι Draconis.

81. *aḏ-ḏirāʿ*

„der Unterarm [der ausgestreckten rechten Hand der ṯurayyā]“. Ibn Qutayba 33, 12: *wa-ʿalā iṯri l-miʿṣam aḏ-ḏirāʿ ṯalāṯat kawākib ḫafīya* „hinter al-miʿṣam [nr. 169] ist aḏ-ḏirāʿ ‚der Unterarm‘, drei schwache Sterne“. Ṣūfī nennt dieselben Sterne *as-sāʿid* (nr. 258).

82a. *aḏ-ḏirāʿ*

Mondstation 7.

82b. *aḏ-ḏirāʿ al-mabsūṭa*

„die ausgestreckte Vorderpfote [des Löwen]“. Nach Ibn Qutayba 47, 13 ist dies die südlichere der beiden *ḏirāʿ* „Vorderpfoten [des Löwen]“, und einer ihrer beiden Sterne heißt *aš-šiʿrā al-ġumayṣāʾ* = α Canis Minoris und der andere *al-mirzam* bzw. *mirzam aḏ-ḏirāʿ* = β Canis Minoris (49,4—5).

83. *aḏ-ḏirāʿ al-maqbūḍa*

„die angezogene Vorderpfote [des Löwen]“. Nach Ibn Qutayba ist sie die nördlichere der beiden *ḏirāʿ*, von Ṣūfī mit αβ Geminorum identifiziert, und bei ihr macht der Mond Station. Die Auszüge aus Abū Ḥanīfa bei Ibn Sīda, *Muḫaṣṣaṣ* 9, 11 erwähnen dagegen umgekehrt αβ Canis Minoris als die beiden Sterne von *aḏ-ḏirāʿ al-maqbūḍa*, so daß demnach die Mondstation *aḏ-ḏirāʿ al-mabsūṭa* wäre. Auch Ibn Kunāsa bei Marzūqī 1, 190, 13 (ähnlich Ṣūfī 165, 11, ohne Nennung von Ibn Kunāsa) läßt *aḏ-ḏirāʿ al-maqbūḍa* als ganzes (*bi-asrihā*) *al-mirzam* heißen, so daß auch er die andere *ḏirāʿ*, *al-mabsūṭa*, als die Mondstation angesehen haben dürfte. Ṣūfī 165f. (Yehuda XXIII, 2.3.7; XXXVIII, 1.2) referiert die verschiedenen abweichenden Überlieferungen über die beiden *ḏirāʿ*, tadelt die Überlieferer, da sie all das ohne wirkliche Himmelsbeobachtung blindlings weitergegeben hätten, und entscheidet dann, daß die nördlichere *ḏirāʿ* = αβ Geminorum, deren vorderer Stern α Geminorum 6° nördlich der Ekliptik stehe, während der ekliptiknähere Stern der anderen *ḏirāʿ* (= β Canis Minoris) 14° südlich der Ekliptik stehe — so daß diese südlichere *ḏirāʿ* also wesentlich weiter von der Ekliptik entfernt sei als die nördlichere —, und welche etwa eine Stunde v o r der südlicheren aufgehe, infolgedessen *al-mabsūṭa* „die ausgestreckte“ sei (und die später aufgehende südlichere [= αβ Canis Minoris] demnach *al-maqbūḍa* „die angezogene“). Mondstation müsse die ekliptiknähere, also *aḏ-ḏirāʿ al-mabsūṭa* sein. Diese Beobachtung ist sehr scharfsinnig und undogmatisch, und da sie sich auch mit den Definitionen von Abū Ḥanīfa und Ibn Kunāsa deckt, gibt es vorläufig keinen Anlaß, sie nicht als gültig anzunehmen.

84. *al-faḥl*

„der Hengst". Nach den arabischen Lexika (siehe LANE s. v. *fḥl*) ist dies ein anderer Name für den sonst als *suhayl* (nr. 272a) bekannten Stern α Carinae gewesen. Wäre das nachweisbar, so ergäbe sich hier das Original zu dem von BOLL, *Sphaera* (Leipzig 1903), p. 468 n. 1, in einem Marinos-Zitat (MARINOS von Tyros, um 100 n. Chr.) bei PTOLEMÄUS, *Geogr.* I, 7, 6, aufgefundenen ältesten bisher nachgewiesenen arabischen Sternnamen Ἵππος (für Κάνωβος = α Carinae = *suhayl*). Die Gleichsetzung *al-faḥl* = Ἵππος könnte also höchst bedeutungsvoll für die grundsätzliche Beurteilung der von den arabischen Lexikographen überlieferten Sternnomenklatur sein. Leider stellt sich ein Umstand ein, der an der Echtheit des arabischen *al-faḥl* Zweifel aufkommen läßt. Ibn Qutayba 152, 11 zitiert im Abschnitt über *suhayl* einen Vers von D̲ū r-Rumma:

wa-qad lāḥa li-s-sārī suhaylun ka-annahū
qarīʿu hiǧānin ʿāraḍa š-šawla ǧāfirū

„Da suhayl dem nächtlich Reisenden strahlte, als sei er *
ein weißer, den [nach Entwöhnung ihrer Jungen wieder begattungsfähigen] Kamelstuten [ungereizt, weil] nicht mehr zur Begattung fähig gegenüberstehender Kamelhengst"

(so auch ed. MACARTNEY 32, 15; cf. *Lisān* [Druck Bayrūt 1955—1956] 8, 267 und 4, 143). Dem fügt er, wie bei seinen Verszitaten üblich, eine Kommentierung bei: *šabbahahū bi-faḥl qad ǧafara wa-nfarada* „er vergleicht ihn mit einem [Kamel-]Hengst, der zur Begattung unfähig geworden ist und sich abgesondert hat". Auch ein Scholion zu dem Vers (ed. MACARTNEY a. a. O.) sagt: *yaqūlu: ka-anna suhaylan faḥl abyaḍ ... qarīʿu hiǧānin faḥl muḫtār* ... „er will sagen: als ob suhayl ein weißer Kamelhengst wäre ... qarīʿu hiǧānin [bedeutet]: ein auserlesener Kamelhengst". Der Schluß liegt sehr nahe, daß die Lexikographen den sonst in bisher vorliegenden Texten nicht auftretenden Namen *al-faḥl* aus den hier zitierten Glossen zum D̲ū r-Rumma-Vers entnommen haben; in diesem Fall wäre das Wort natürlich überhaupt nicht mit unter die Sternnamen zu zählen, ebenso würde dann auch die Gleichsetzung mit Ἵππος unmöglich.

85. *al-fakka*

Ibn Qutayba 150, 11: *kawākib mustadīra ḫalfa s-simāk ar-rāmiḥ* „kreisförmig angeordnete Sterne hinter as-simāk ar-rāmiḥ [= α Bootis]"; ebenso *Adab al-kātib* 94, 6. Ṣūfī 57, 4 (Yehuda V, 5; VI, 2) identifiziert dies Gestirn mit den acht Sternen des ptolemäischen Bildes Nördliche Krone = αβϑπγδει Coronae Borealis. Die Etymologie des Namens ist unklar. Eine der Grundbedeutungen der Wurzel *fkk* („brechen") und dazu die Lücke, die sich in dem kreisförmigen Sterngebilde zwischen π und ι befindet und die an eine ausgebrochene Stelle erinnert, haben die spekulative Deutung als „Bruch" veranlaßt (cf. *qaṣʿat al-masākīn*, nr. 221a, b).

86. *fam al-asad*

„das Maul des Löwen". Nach Ṣūfī 173, 8 wird der neblige Stern ε Cancri (= Mondstation 1, *an-naṯra*) gemeinsam mit den beiden Sternen, die ihm folgen (γδ Cancri), *fam al-asad* genannt; so auch schon Farġānī, Kapitel 20. Diese Benennung erklärt sich aus der arabischen Darstellung des Tierkreisbildes Löwe, die bekanntlich stark von der griechischen abweicht.

87. *al-fanīq*

„das große Kamel" (*al-ǧamal al-ʿaẓīm*; in der Ḥaydarābāder Edition verdruckt in *al-ġanīq*, *al-ḥamal*. Wegen der leicht in *al-ḥamal* „Widder" zu entstellenden Glosse von Bīrūnī, *Āṯār* 342, 14, ausdrücklich als *al-ǧamal* „Kamel" hervorgehoben: *li-annahum yusammūna l-kawākib allatī ḥawlahū l-qilāṣ* „denn sie nennen die Sterne um ihn her al-qilāṣ ‚die jungen Kamele' [nr. 230]"). Farġānī, Kapitel 20 und Ṣūfī 154, 4 (Yehuda XXII, 2): ein anderer Name für den sonst *ad-dabarān* (nr. 69) genannten Stern.

88. *faqār al-ǧawzāʾ*

„das Rückgrat der ǧawzāʾ". Nur Ṣūfī 269, 9: ein anderer Name für die drei *minṭaqat al-ǧawzāʾ* (nr. 162) genannten Sterne.

89. *al-faras al-kāmil* (*at-tāmm*)

„das vollständige Pferd" (im Gegensatz zu den beiden ptolemäischen Bildern Pegasus und Füllen, von denen nur der Vorderleib am Himmel erscheint). Zwischen die Darstellungen der beiden aufeinander folgenden ptolemäischen Bilder Andromeda und Dreieck schiebt Ṣūfī 133, 6ff. die umständliche Beschreibung eines „vollständigen Pferdes", dessen Umrisse er folgendermaßen angibt: der 23. Stern der Andromeda = *o* Andromedae nebst Fl. 2 Andromedae stehen auf der „Lippe" *ǧaḥfala*; der 18. des Pegasus = π Pegasi auf seinem „Leib" *matn*; zwei Sterne (vermutlich Fl. 14 Pegasi und μ Cygni) auf seiner „Kruppe" *kafaluhū*; der 20. des Pegasus = κ Pegasi auf dem „Schwanzansatz" *aṣl ḏanabihī*; dann zwei weitere, einer (vermutlich Fl. 2 Pegasi) in der „Mitte seines Schwanzes" *wasaṭ ḏanabihī* und einer (vermutlich Fl. 1 Pegasi, „hinter dem [ptolemäischen] Sternbild Delphin") auf dem „Ende des Schwanzes" *ṭaraf aḏ-ḏanab*; der 7. des Pegasus = η Pegasi auf seiner „Schulter" *mankibuhū*; ein Stern (vermutlich Fl. 32 Pegasi) auf seinem „Bauch" *baṭnuhū*; der 19. des Pegasus = ι Pegasi an der „Stelle seiner Hoden" *mawḍiʿ ḫuṣyatihī*; β Pegasi auf „einem seiner Vorderfüße" *iḥdā yadayhi*; der 9. und 10. des Pegasus = $\lambda\mu$ Pegasi auf dem „anderen Vorderfuß" *al-yad al-uḫrā*; und schließlich zwei schwache Sterne zwischen ε Pegasi und $\varkappa$ Pegasi (vermutlich Fl. 9, 13 Pegasi) auf seinen beiden „Hinterfüßen" *riǧlāhu* (cf. o. p. 26).

90. *al-fard*

„der Alleinstehende". Ibn Qutayba 56, 11 (unter Mondstation 10): *wa-ḥiyāla l-ǧabha kawkab munfarid* ... „gegenüber von al-ǧabha [= $\zeta\gamma\eta\alpha$ Leonis] ist ein einzeln stehender Stern ..."; Ṣūfī 312, 20 (Yehuda XL, 2) identifiziert ihn mit dem 12. Stern des ptolemäischen Bildes Wasserschlange = α Hydrae.

91. *al-fard* (?)

Nur Sulaymān al-Mahrī, *al-ʿUmda al-mahrīya*, Facsim. Ferrand, *Instructions Nautiques* II (Paris 1925), fol. 16rff., schreibt, der dritte der vier Sterne des *naʿš* (cf. o. *banāt naʿš* [*al-kubrā*], nr. 55) = γ Ursae Maioris heiße *al-frd*. In alter Zeit hatten von den sieben Sternen *banāt naʿš* (*al-kubrā*) nur die drei *banāt* noch separate Einzelnamen (s. *al-ʿanāq*, nr. 33; *al-ǧawn*, nr. 106; *al-qā'id*, nr. 213); die vier anderen waren *an-naʿš* bzw. *sarīr banāt naʿš* (nr. 264). Es ist also nicht ersichtlich, woher der späte Nautiker den Namen hat; unsicher ist auch, ob das in der Hs *al-frd* geschriebene Wort *al-fard* „der einzelne" zu lesen ist oder anders.

92a. *al-farġ al-awwal*

„der erste Ausguß". Mondstation 26. Ibn Qutayba 82, 2; Ṣūfī 122, 7: ein Name für die beiden vorderen der vier Sterne von *ad-dalw* = $\beta\alpha$ Pegasi.

92b. *al-farġ al-muqaddam*

„der vordere Ausguß". Eine andere Bezeichnung für die im vorangehenden Artikel genannten beiden Sterne (Ibn Qutayba 82, 2; Ṣūfī 122, 7 [Yehuda XVIII, 7]).

93a. *al-farġ aṯ-ṯānī*

„der zweite Ausguß". Mondstation 27. Ibn Qutayba 83, 12; Ṣūfī 122, 9: ein Name für die beiden hinteren der vier Sterne von *ad-dalw* = $\delta\gamma$ Pegasi.

93b. *al-farġ al-mu'aḫḫar*

„der hintere Ausguß". Eine andere Bezeichnung für die im vorangehenden Artikel genannten beiden Sterne (Ibn Qutayba 82, 3; Ṣūfī 122, 9 [Yehuda XVIII, 6]).

94. *al-fārisān*

„die beiden Reiter". Bei Sulaymān al-Mahrī, *al-ʿUmda al-mahrīya*, Facsim. FERRAND, *Instructions Nautiques* II (Paris 1925), fol. 16r ff., ein anderer Name für die beiden *al-ḥimārān* (nr. 124) genannten Sterne.

95. *al-fāriṭān*

„die beiden vor der Begräbnisgesellschaft [= *banāt naʿš*] Hergehenden, die das Grab graben sollen". Weder bei Ibn Qutayba noch bei Ṣūfī behandelt; erscheint nach LANE s. v. *frṭ* bei den arabischen Lexikographen; später auch bei Ibn Māǧid, *Kitāb al-fawāʾid*, Facsim. FERRAND, *Instructions Nautiques* I (Paris 1921—1923), fol. 8r und 32v. Definiert werden sie nur als zwei Sterne vor *banāt naʿš* bzw. *an-naʿš* = $\alpha\beta\delta\gamma$ Ursae Maioris; genauer setzt Ibn Māǧid (fol. 8r) hinzu: *fī ṣūrat ad-dubb al-akbar ʿalā ḫašm ad-dubb* „im [ptolemäischen] Bild Großer Bär, auf dem Maul des Bären". Nach Ṣūfī 30, 4 und 35 steht auf dem „Maul" (hier = *ḫaṭm*) nur der 1. ptolemäische Stern = o Ursae Maioris; welchen Ibn Māǧid als zweiten dazugenommen hat, bleibt offen; es kämen in Frage h oder v Ursae Maioris. Diese späte Definition muß aber nicht bindend sein; es kann sich um andere Sterngruppierungen in der genannten Gegend handeln.

96. *al-farqadān*

„die beiden Kälber". Ibn Qutayba 146, 3 = *Adab al-kātib* 94, 3: *wa-min al-arbaʿa al-farqadān wa-humā l-mutaqaddimān* „und zu den vieren [scil. *naʿš* von *banāt naʿš aṣ-ṣuġrā* = $\beta\gamma\zeta\eta$ Ursae Minoris] gehören al-farqadān, und zwar sind es die beiden vorangehenden"; etwas anders definiert Ṣūfī 27, 21 (Yehuda I, 5) die „beiden Kälber" als die beiden hellen Sterne des Vierecks (*an-nayyirayn min al-murabbaʿ*). Beide Definitionen beziehen sich auf $\beta\gamma$ Ursae Minoris. Aus metrischem Zwang erscheint der Name in der Poesie häufig im Plural *al-farāqid* (z. B. *Naqāʾiḍ* 909, 10 (Ǧarīr); Mutanabbī K. 1308 I 174, 9).

97 a. *faʾs al-quṭb*

„Achse des Pols". Ibn Qutayba 122, 9—12: *wa-yattaṣilu bi-banāt naʿš aṣ-ṣuġrā kawākib ḫafīya iḏā ǧamaʿtahā ilayhi ṣārat fī ṣūrat samaka wa-hāḏihi l-kawākib tusammā faʾs al-quṭb tašbīhan bi-faʾs ar-raḥā wa-tusammā qaws al-quṭb wa-aḥad ṭarafay al-faʾs huwa l-ǧudayy wa-ṭ-ṭaraf al-āḫar aḥad al-farqadayn* „mit banāt naʿš aṣ-ṣuġrā [= $\alpha\delta\varepsilon\beta\gamma\zeta\eta$ Ursae Minoris] stehen kleine Sterne in Verbindung; wenn man sie dazunimmt, entsteht die Figur eines Fisches. Diese Sterne werden faʾs al-quṭb ‚Achse des Pols' genannt wegen der Ähnlichkeit mit der Achse des Mühlsteins, auch qaws al-quṭb ‚Bogen des Pols' werden sie genannt. Das eine Ende der ‚Achse' wird gebildet vom Polarstern, das andere von einem der beiden farqadān [= $\beta\gamma$ Ursae Minoris]".

97 b. *al-fa's*

„die Achse". Der im vorangehenden Artikel genannte Name lautet bei Ṣūfī 28, 7 und bei Marzūqī 2, 372 unten kürzer *al-fa's*.

97 c. *fa's ar-raḥā*

„die Achse des Mühlsteins". Bīrūnī, *Tafhīm* § 160, führt den zuvor lediglich als Vergleich benutzten Ausdruck jetzt als regelrechten Eigennamen auf.

98. *al-fawāris*

„die Reiter". Ibn Qutayba 151, 11: *wa-ḫalfa n-nasr al-wāqiʿ ḫamsat kawākib muṣṭaffa qad qaṭaʿat al-maǧarra ʿarḍan* „hinter an-nasr al-wāqiʿ [= α Lyrae] sind fünf in gerader Linie angeordnete Sterne, die die Milchstraße quer schneiden ..."; Ṣūfī 73, 9 (Yehuda IX, 3) faßt unter diesem Namen nur vier Sterne zusammen und identifiziert sie mit dem 6., 4., 10. und 12. im ptolemäischen Bild Schwan = $\delta\gamma\varepsilon\zeta$ Cygni. Daß Ibn Qutayba hier von fünf Sternen spricht, dürfte ein Irrtum sein; denn es gibt keinen Stern, der mit $\delta\gamma\varepsilon\zeta$ Cygni etwa gleichhell wäre und deren gerade Linie über δ hinaus weiterführen könnte.

99 a. *al-fiqarāt*

„die [Schwanz-]Wirbel [des Skorpions]". Nach Ṣūfī 209, 12 (Yehuda XXVIII, 2. 3) war dies ein arabischer Name für die Schwanzsterne des Skorpions. Es handelt sich dabei um den 12., 13., 14., 15., 16., 17., 18. und 19. im ptolemäischen Bild Skorpion = $\varepsilon\mu^{1,2}\zeta^1\zeta^2\eta\vartheta\iota\varkappa$ Scorpionis.

99 b. *al-faqār*

„die Rückenwirbel". Der im vorangehenden Artikel genannte Name erscheint bei Ibn Qutayba 86, 9 in der Form *al-faqār*.

100. *kawkabā l-frq*

Ṣūfī 46, 11 (Yehuda IV, 1) identifiziert die beiden Sterne, die diesen Namen trugen, mit dem 3. und 4. im ptolemäischen Bild Kepheus = $\beta\alpha$ Cephei. Den bereits damals korrupt überlieferten Namen interpretiert er im Zusammenhang mit *al-furǧa* (Variante von *al-qurḥa*, nr. 233) als *al-farq* „Scheitel". Im Zusammenhang mit den Namen *ar-rāʿī* (nr. 235) = γ Cephei, *kalb ar-rāʿī* (nr. 141) = Fl. 28, 29 Cephei und *al-aġnām* (nr. 3) ließe sich das Wort auch *al-firq* „die Herde" lesen, wie man es seit Hyde meist findet. Cf. die alte Variante *al-qarn* „das Horn" (unten nr. 219).

101. *al-furūd*

„die Einzelsterne". Ibn Qutayba 157, 10: *wa-l-furūd kawākib ṣiġār maʿa ḥaḍāri qāla š-šāʿir:*

*arā nāra Laylā bi-l-ʿAqīqi ka-annahā * ḥaḍāri iḏā mā aʿraḍat wa-furūduhā*

„kleine Sterne bei ḥaḍāri [nr. 118]; der Dichter sagte:

,Ich sehe Laylās Feuer in al-ʿAqīq, als wäre es *
ḥaḍāri, wenn er erscheint, und seine einzelnen Sterne um ihn her'."

Der gleiche Vers erscheint dreimal im *Lisān* (Druck Bayrūt 1955—1956): 3, 333 und 4, 200 aus einer Ṯaʿlab-Überlieferung, und 13, 448 aus einer Überlieferung von Ibn Barrī mit zwei Textabweichungen: *aqbalat* statt *aʿraḍat* und *wa-wazīnuhā* statt *wa-furūduhā.* Auch Marzūqī 2, 382, 13 kennt *al-furūd* nur im Zusammenhang mit *ḥaḍāri*: *wa-hunālika ayḍan al-furūd wa-hiya kawākib ṣiġār ʿinda ḥaḍāri* „dort sind auch al-furūd, das sind kleine Sterne bei ḥaḍāri", unter Berufung auf den nämlichen Vers. Die Identifizierung von *al-furūd* ist also an *ḥaḍāri* gebunden; so will Ṣūfī die *furūd* an einer der beiden Stellen, wo er von *ḥaḍāri wa-l-wazn* spricht (289, 7—10 [Yehuda XXXVII, 10]; hier von ihm mit $\alpha\beta$ Columbae gleichgesetzt), mit dem 2., 3., 4., 5. externen, dem 17. eigentlichen und weiter dem 6., 7., 8. und 11. externen Stern des ptolemäischen Bildes Großer Hund = $\vartheta\varkappa\delta$ Columbae und $\lambda\zeta$ Canis Maioris und $\mu\lambda\gamma\varepsilon$ Columbae identifizieren. Aus den vorgelegten Zeugnissen spricht jedoch deutlich, daß *al-furūd* eigentlich gar kein Eigenname zur Bezeichnung bestimmter Sterne war. Die Lexikographen kennen das Wort offensichtlich nur aus dem zitierten Vers, wo *furūduhā* vom Dichter als freilich recht phantasieloses trockenes Epitheton dem bekannten Sternnamen *ḥaḍāri* beigesellt wurde. Die Variante *wa-wazīnuhā* scheint, abgesehen davon, die bessere Lesung darzustellen, da es sich dann hier einfach um eine poetisch leicht umgestaltete Form des bekannten Namens *ḥaḍāri wa-l-wazn* (nr. 118 und 315) handelt.

102. *al-furūd*

Lisān 10, 353 (Druck Bayrūt 1955—1956): *wa-n-nasaq kawākib muṣṭaffa ḫalfa ṯ-ṯurayyā wa-yuqālu lahā l-furūd* „an-nasaq [nr. 192a, b] sind in gerader Linie angeordnete Sterne hinter den Plejaden; sie werden auch al-furūd genannt"; anders ebda. 3, 333: *al-furūd kawākib zāhira ḥawla ṯ-ṯurayyā* „al-furūd sind helle Sterne um die Plejaden her" (cf. Lane s. v. *frd*). Ist die Gleichsetzung mit *an-nasaq* an der erstgenannten Stelle zutreffend, so wird die Beziehung auf die Plejaden unmöglich, denn der Abstand von den Plejaden bis zu *an-nasaq* beträgt über Westen mindestens 130° bzw. über Osten (was dem *ḫalfa* „hinter" der zitierten Definition entspräche) sogar mindestens 180°. Hält man sich dagegen an die Beziehung auf die Plejaden (hier kämen etwa die Sterne $[\lambda]\gamma\delta\varepsilon\tau[\beta]$

Tauri in Frage, die in gerader Linie hinter den Plejaden stehen), so wird die Gleichsetzung mit dem weit entfernten *nasaq* unmöglich. Die bisher bekannte grundlegende Fachliteratur (Ibn Qutayba; Abū Ḥanīfa bei Marzūqī 2, 369ff.; Ṣūfī) kennt *al-furūd* nur im Zusammenhang mit *ḥaḍāri* (siehe den vorigen Artikel), und so ist es naheliegend anzunehmen, daß es sich auch hier um jene *furūd* handelt; die späteren Lexikographen haben, offenbar lediglich infolge einer anderslautenden Definition, ein eigenes Gestirn daraus gemacht (sogar der Name selbst wurde entstellt: einige Hss und Drucke des *Qāmūs* haben *al-furdūd* statt *al-furūd*!).

103a. *al-ǧabha*

„die Stirn [des Löwen]". Mondstation 10. Ibn Qutayba 56, 8: vier Sterne, die Ṣūfī 181, 7 (Yehuda XXV, 5a) mit dem 5., 6., 7. und 8. im ptolemäischen Bild Löwe = $\zeta\gamma\eta\alpha$ Leonis identifiziert.

103b. *ǧabhat al-asad*

„die Stirn des Löwen". Das gleiche Gestirn wird auch mit diesem vollständigeren Namen bezeichnet (Ibn Qutayba 56, 8; Ṣūfī 181, 8 [Yehuda XXV, 5b]).

104. *al-ǧadyān*

„die beiden Ziegenböckchen". Nur Ṣūfī 91, 20 (Yehuda XII, 7. 8) führt an, daß der 8. und 9. Stern im ptolemäischen Bild Fuhrmann = $\zeta\eta$ Aurigae von den Arabern *al-ǧadyān* genannt würden. Es ist aber möglich, daß es sich hier um den Namen *Ἔριφοι* handelt, den die beiden Sterne neben der Ziege *Aἴξ* = α Aurigae bei den Griechen trugen und den natürlich auch Ptolemäus im Almagest erwähnt, wo ihn einige arabische Versionen mit *al-ǧadyān*, andere mit *as-saḫlatān* übersetzten.

105. *al-ǧawāzī* (*al-ǧawārī*)

Ibn Qutayba 45, 13 (unter Mondstation 6): *wa-taḥtahā ṯalāṯat kawākib ṭūlan tusammā l-ǧawāzī* „unter ihnen [scil. den drei Gürtelsternen des Orion = $\delta\varepsilon\zeta$ Orionis] stehen drei Sterne der Länge nach [im Gegensatz zu den Gürtelsternen, die ‚quer' *ʿarḍan* über Orions Brust verlaufen], die al-ǧawāzī genannt werden". So richtig wird die Definition auch von Marzūqī 2, 379, 9 (aus Abū Ḥanīfa? — bei Ṣūfī fehlt der Name) aufgeführt: *al-kawākib aṯ-ṯalāṯa al-munḥadira min ʿindi hāḏihi l-ūlā* „die drei Sterne, die von diesen ersteren [scil. Oriongürtel] abwärts verlaufen". Bei Bīrūnī, *Tafhīm* § 163, werden sie fälschlich mit *niṭāq* = Oriongürtel gleichgesetzt. Die Lesung des Namens schwankt: *ǧawāzī* hat Ibn Qutayba a.a.O.; *ǧawārī* „die [Dienst-]Mädchen" haben Marzūqī a.a.O., Bīrūnī, *Tafhīm* ed. Wright, auch im ms Staatsbibl. Kairo, 848 Mīqāt; dagegen ms Staatsbibl. Kairo, 450 Mīqāt (ebenfalls *Tafhīm*) bietet *ḫawārī*. Ṣūfī kennt diese drei Sterne als *sayf al-ǧabbār* (nr. 266). Es ist in diesem Zusammenhang darauf hinzuweisen, daß an einer Stelle im Koran (81,16) *al-ǧawārī* ,,die Laufenden, *πλανῆται*" (sonst später [*al-kawākib*] *as-sayyāra* genannt) zusammen mit *al-ḫunnas* und *al-kunnas* als Bezeichnung für die Planeten auftritt. Natürlich bleibt vollkommen offen, ob zwischen der koranischen Planetenbezeichnung und dem späteren Gestirnnamen irgendein Zusammenhang besteht.

106. *al-ǧawn*

,,der Rappe". Ibn Qutayba 148, 1 gibt demjenigen der drei Sterne von *banāt naʿš*, der dem *naʿš*-Viereck am nächsten steht (ε Ursae Maioris), einen Eigennamen, der in den beiden von PELLAT für die Edition benutzten Hss in *al-ǧawzā'* verdorben ist. Ṣūfī führt denselben Namen auf: im Druck Ḥaydarābād 32, 10 lautet er *al-ǧawz* ,,die Mitte" (Apparat: ms Āṣafīya, Ḥaydarābād: *al-ǧawn*), bei SCHJELLERUP 50 (Yehuda II, 10) *al-ǧawn* (von SCHJELLERUP *al-ǧūn* ,,le Golfe" gelesen). Marzūqī 2, 373, 6 schreibt *al-ǧawn*; Tīzīnī (mitediert von Th. HYDE im Cmt zu seiner Uluġ Bēg-Edition, Oxford 1665, p. 73ff.), p. 83, 278° 38′ RA, schreibt *al-ḥawar* ,,der Stier", wozu HYDE auch aus dem *Qāmūs* s. v. *ḥwr al-ḥawar* hinzunotiert; in zwei Uluġ Bēg-Hss fand HYDE *al-ḥwn*, in der dritten *al-ǧawn*. Bīrūnī, *Tafhīm* § 163, schließlich hat *al-ḥawar* (ms Staatsbibl. Kairo, 450 Mīqāt, p. 77) und *al-ḥwn* (ms 848 Mīqāt, p. 65). Weder auf Grund der Textverhältnisse noch mit Hilfe irgendwelcher Analogien läßt sich ermitteln, wie der Name des Sterns ε Ursae Maioris richtig gelautet hat; ein ,,Rappe" *ǧawn* ist hier ebensogut möglich wie ein ,,Stier" *ḥawar*.

al-ǧawzā' siehe oben S. 23ff.

107 a. *al-ǧudayy*

,,das Böckchen". Der Polarstern, α Ursae Minoris, hieß bei den Arabern seit alters *al-ǧdy* (Ibn Qutayba 146, 4; auch *Adab al-kātib* 93, ult.—94, 4; Ṣūfī 27, 22; cf. *Lisān* [Druck Bayrūt 1955—1956] 14, 135), was einfach *al-ǧady* ,,der Bock" zu lesen wäre, gleichlautend mit dem Namen des Tierkreisbildes ,,Steinbock", *al-ǧady*. Auf diese Lesung weist besonders deutlich die Stelle Ibn Sīda, *Muḫaṣṣaṣ* 9, 12: *Ibn Durayd: al-ǧady ǧadyān aḥaduhumā lladī taqaddama dikruhū wa-t-tānī lladī yadūru maʿa banāt naʿš* ,,Ibn Durayd [sagte]: es gibt zwei ǧady; einen, der bereits oben erwähnt ist [scil. das Tierkreisbild ,,Steinbock"], und der zweite ist derjenige, der mit den banāt naʿš rotiert". Auch die Verszitate bei Ibn Qutayba von Muhalhil und Aḫṭal (*Kitāb al-anwā'*, p. 146) belegen metrisch die Lesung *ǧady* (so auch Yehuda I, 6). Spätere Autoren dagegen geben zur besseren Unterscheidung dem Polarstern den Namen ausdrücklich im Deminutiv *al-ǧudayy* „das Böckchen" (Ibn Māǧid, *Kitāb al-fawāʾid*, Facsim. FERRAND, *Instructions Nautiques* I [Paris 1921—1923], fol. 27r, 7 v. u.; cf. auch PELLAT, ed. Ibn Qutayba, *Kitāb al-anwāʾ*, p. 146 n. 3: Hinweis auf *Qāmūs* s. v. *ǧdy*).

107b. *ǧady banāt naʿš*

„der Bock von banāt naʿš". Nach Ibn Qutayba 146, 5 wurde der Polarstern auch mit diesem ausführlicheren Namen belegt, zweifellos zur leichteren Unterscheidung von dem gleichnamigen Tierkreisbild *al-ǧady* „Steinbock".

108. *al-ǧuṯūm*

Nach den arabischen Lexika (siehe LANE s. v. *brk* und *ǧṯm*) ein anderer Name für die *al-burūk* (nr. 67) genannte Sterngruppe.

109. *al-ġafr*

Mondstation 15. Ibn Qutayba 67, 5: drei Sterne, die Ṣūfī 194, 4 (Yehuda XXVI, 3) mit dem 22., 23. und 25. im ptolemäischen Bild Jungfrau = $\iota \varkappa \lambda$ Virginis identifiziert. Die Deutung des Namens ist nicht klar. Bīrūnī, *Āṯār*, Tabelle p. 349f., schreibt, die Araber sähen in diesem Gestirn *miġfar al-ʿaqrab* „the coat of mail [Panzer(-hemd)] of Scorpio"; andererseits sagt er unter Station 15 (*Āṯār*, ed. SACHAU p. 345): *qāla z-Zaǧǧāǧ huwa min al-ġafra wa-hiya š-šaʿr allaḏī ʿalā ṭaraf ḏanab al-asad* „az-Zaǧǧāǧ sagt: er [scil. (der Name) *al-ġafr*] kommt von al-ġafra, das ist das Haar auf der Schwanzspitze des Löwen", obwohl bereits ebda. p. 344 unter Station 14 *as-sunbula* = *al-hulba* = *aḍ-ḍafīra* in Übereinstimmung mit allen sonstigen Überlieferungen als Haar auf der Schwanzspitze des Löwen gedeutet ist. Bīrūnī zitiert öfter Interpretationen von az-Zaǧǧāǧ, die von den üblichen auffällig abweichen.

110. *al-ġamṣāʾ*

Nach Marzūqī 1, 317, 11 wird neben der Deminutivform *al-ġumayṣāʾ* (s. *aš-šiʿrā al-ġumayṣāʾ*, nr. 290a) auch die Normalform *al-ġamṣāʾ* für α Canis Minoris gebraucht (*wa-qad yukabbaru fa-yuqālu l-ġamṣāʾ*[1]).

111. *al-ġamūṣ*

Nach Abū ʿUbayd bei Ibn Sīda, *Muḫaṣṣaṣ* 9, 11 wird für *aš-šiʿrā al-ġumayṣāʾ* (nr. 290a) auch *al-ġamūṣ* gebraucht. Bei Marzūqī 1, 190, 5 und 317, 11 wird die gleiche Überlieferung auf Abū ʿAmr zurückgeführt.

[1] Es ist aus dem Text nicht klar, ob diese Angabe auch noch in den mit *qāla Abū ʿAmr* eingeleiteten Passus hineingehört, damit also auf Abū ʿAmr zurückginge, oder nicht.

112. *al-ġanam*

„die Schafe“. Ibn Qutayba 40, 7: ein anderer Name für die *al-qilāṣ* (nr. 230) genannten Sterne. Bei Ṣūfī 154, 6 unpassender im Deminutiv angegeben (*ġunayma*, wobei der Herausgeber obendrein statt des [auf *ad-dabarān* zu beziehenden] Suffixes *-hū* eine Femininendung *-a* liest, ebenso dort auch *qilāṣa* statt *qilāṣuhū*); bei Ibn Sīda, *Muḫaṣṣaṣ* 9, 10 (aus Abū Ḥanīfa) steht *ġunaymatuhū* (Deminutiv, mit Femininendung *-a* und Suffix *-hū*). Die beste Lesung des in der arabischen Schrift besonders leicht verlesbaren Namens ist zweifellos *al-ġanam*, wie es Ibn Qutayba bietet und wie auch noch ein weiterer Sternname lautet (siehe nächsten Artikel).

113. *al-ġanam*

„die Schafe“. Der bei Ṣūfī im Plural erhaltene Name *al-aġnām* (nr. 4) für die zu *α* Ophiuchi als Hirten gehörenden Schafe wird bei Marzūqi 2, 375, 14 als Kollektivwort *ġanamuhū* „(seine) Schafe“ überliefert.

al-ġumayṣā' siehe *aš-šiʿrā al-ġumayṣā'*, nr. 290a.

114. *al-hanʿa*

„die [auf dem Kamelhals eingebrannte] Marke“. Mondstation 6. Nach Ibn Qutayba 42, 2 zwei Sterne, die Ṣūfī 166, 15 (Yehuda XXIII, 5) mit dem 17. und 18. Stern des ptolemäischen Bildes Zwillinge = $\gamma\xi$ Geminorum identifiziert. Einige haben offenbar die drei Sterne *at-taḥāyī* (nr. 296), die vor *al-hanʿa* stehen und bei denen nach arabischer Überlieferung der Mond Station macht, wenn er *al-hanʿa* nicht erreicht, mit den beiden Sternen *al-hanʿa* zusammengefaßt und lassen somit *al-hanʿa* aus fünf Sternen bestehen (Abū l-Ḥasan ʿAlī in seinem Verzeichnis von 240 Sternen bei Sédillot, *Traité des Instruments astronomiques des Arabes* I, Paris 1834, p. 140ff., nrr. 60, 61, 63, 65,67 [cf. auch ebda. p. 192ff., nrr. 57, 71, 90, 95, 97] = Knobel, *The Chronology of Star Catalogues*, Memoirs of the Royal Astron. Soc. XLIII [1875—1877], p. 64ff.; auch Tīzīnī in seinem Verzeichnis von 302 Sternen bei Hyde, Cmt zur Uluġ Bēg-Edition, Oxford 1665, p. 79f.).

115a. *al-haqʿa*

„das Haarbüschel (oder: die Brandmarke) [auf Hals oder Brust eines Pferdes]“. Mondstation 5. Nach Ibn Qutayba 41, 6 (auch 45, 9) drei kleine Sterne, die Ṣūfī 268, 21 (Yehuda XXXIV, 4) mit den drei von Ptolemäus als 1. Stern des Orion = $\lambda\varphi^{1,2}$ Orionis zusammengefaßten identifiziert.

115b. *haqʿat al-ǧawzāʾ*

„die haqʿa von al-ǧawzāʾ". Bei Ṣūfī 268, 21 auch als Name neben dem sonst üblichen einfachen *al-haqʿa* angegeben; cf. o. p. 19f.

116. *al-harrārān*

„die beiden Winselnden [scil. Hunde, die bei der heftigen Kälte heulen, die beim Aufgang dieser beiden Sterne gewöhnlich herrschte]". Nach Ibn Qutayba 70, 11 (unter Mondstation 18) und Ṣūfī 68, 13 ein gemeinsamer Name für die beiden Sterne *an-nasr al-wāqiʿ* = α Lyrae und *qalb al-ʿaqrab* = α Scorpionis.

117a. *al-hulba*

„das Haar". Nach Ṣūfī 33, 1 und 181, 20 (Yehuda XXV, 7) arabischer Name für die von Ptolemäus *aḍ-ḍafīra* = *ὁ Πλόκαμος* genannten drei externen Sterne des Löwen (der 6., 7. und 8. externe) = Fl. 15, 7, 23 (c h k) Comae nebst den eng darum herstehenden kleineren Sternen. Auch bei Ibn Sīda, *Muḫaṣṣaṣ* 9, 12 (aus Abū Ḥanīfa?) aufgeführt.

117b. *hulbat al-asad*

„das Haar [am Schwanzende] des Löwen". Unter diesem ausführlicheren Namen führt Ibn Qutayba 66, 6 die gleiche Sterngruppe auf. Ibn Sīda a. a. O. gibt den Namen auch in dieser Form (neben dem kürzeren *al-hulba*)

118. *ḥaḍāri*

Ibn Qutayba 157, 7: *ḥaḍāri wa-l-wazn kawkabān yaṭluʿāni qabla suhayl* „ḥaḍāri und al-wazn sind zwei Sterne, die vor suhayl [= α Carinae] aufgehen". Diese Definition ist so ungenau, da nicht angegeben ist, in welchem zeitlichen oder räumlichen Abstand vor α Carinae der Aufgang erfolgt, daß eine Identifizierung der beiden Sterne hiernach nicht möglich ist (cf. die ähnliche Definition im *Lisān* [Druck Bayrūt 1955—1956] 4, 200: ... *ism kawkab yaṭluʿu qabla suhayl* „... ist der Name eines Sterns, der vor suhayl aufgeht"). Auch Ṣūfī kann sie nicht einwandfrei lokalisieren; und so setzt er sie einmal (289, 12 [Yehuda XXXVII, 4. 14]) auf Grund gewisser Überlieferungen mit dem 9. und 10. externen Stern des ptolemäischen Bildes Großer Hund = β α Columbae gleich, wobei er aber korrigierend hinzufügt, daß dies nicht richtig sein könne, da *suhayl* ein großer heller alleinstehender Stern sei, der in seiner Nähe keinen anderen Stern habe, während obendrein β α Columbae sehr viel höher stünden als *suhayl*; und ein andermal (333, 2—13 [Yehuda XLIII, 1]) mit dem 35. und 36. Stern des ptolemäischen Bildes Kentaur = α β Centauri, wobei er hier vermerkt, er wisse nicht, welcher von den beiden *ḥaḍāri* sei und welcher *al-wazn*, nehme aber an, der zuerst aufgehende β sei *ḫaḍāri*, da auch das Namenpaar in der Reihenfolge *ḫaḍāri wa-l-wazn* immer zuerst *ḫaḍāri* nenne[1]. Etwas genauer bietet nun glücklicherweise Marzūqī 2, 382, 7 (aus Abū Ḥanīfa?) die folgende Definition: *wa-fī maǧrā suhayl kawkabān yuqālu lahumā ḫaḍāri wa-l-wazn wa-humā yaṭluʿāni qabla suhayl* „in der Bahn [d. h. in der „Deklination"] des suhayl sind zwei Sterne, die ḥaḍāri und al-wazn genannt werden; sie gehen vor suhayl auf". Die Angabe *fī maǧrā suhayl* „in der Bahn des suhayl = in der Deklination von α Carinae" begrenzt den räumlichen Bereich, in dem die beiden Sterne auftreten müssen, auf einen Deklinationsstreifen, der etwa der Deklination des *suhayl* = α Carinae (grob —53°, um 1900) entsprechen soll. Hierzu stimmt sehr gut Ṣūfīs zweiter Identifizierungsansatz mit αβ Centauri, der im übrigen durch eine Bemerkung im Vorwort gestützt wird, wo Ṣūfī nämlich an Abū Ḥanīfas Definierung von *ḫaḍāri* und *al-wazn* bemängelt, jener habe nicht gewußt, daß diese beiden Sterne mit in die *aš-šamārīḫ* genannte, die Sterne der ptolemäischen Bilder Centaurus und Lupus umfassende Gruppe gehören (14, 7: *wa-lam yaʿlam annahumā min ǧumlat aš-šamārīḫ*). Denn diese beiden hellen Sterne stehen etwa „in der Bahn des suhayl" (Deklination grob —60°, um 1900), und befinden sich auch in einer Entfernung von etwa 115° Rektaszension vor dem *suhayl.* Der Ausdruck *yaṭluʿāni qabla suhayl* in der Lexikographendefinition bedeutet also nicht „sie gehen vor suhayl auf" (was auf unmittelbar vorangehenden Aufgang schließen läßt, der aber hier bei dem weiten Abstand von 115° unmöglich ist), sondern „ihr Aufgang erfolgt [in einer Jahreszeit, die] vor dem Aufgang des suhayl [liegt]"[2]. Die Kombination der vorliegenden Zeugnisse erlaubt es also, *ḫaḍāri* und *al-wazn* mit αβ Centauri gleichzusetzen; die Zuteilung der beiden Wörter an einen bestimmten der beiden Sterne dagegen ist nicht eindeutig zu erschließen.

119a. *al-ḥādī*

„der [Kamel-]Treiber". Bei Marzūqī 1, 260 (aus Ṯaʿlab) erwähnt als ein anderer Name für den sonst *ad-dabarān* (nr. 69) genannten Stern.

[1] Qazwīnī nennt dagegen ausdrücklich den Stern auf dem rechten Vorderhuf (den 35. im ptolemäischen Bild = α Centauri) *ḫaḍāri*, und den auf dem anderen Vorderhuf (den 36. im ptolemäischen Bild = β Centauri) *al-wazn*. Er wollte offensichtlich auch Ṣūfīs Gedankengang folgen, ist dann aber einem oberflächlichen Irrtum erlegen: denn Ptolemäus führt von zwei Sternen gewöhnlich den nachfolgenden zuerst auf (wie hier den 35., α) und den vorangehenden danach an zweiter Stelle (wie hier den 36., β). Wenn also Qazwīnī den von Ptolemäus an erster Stelle aufgeführten Stern *ḫaḍāri* nennt, so gibt er damit fälschlich, ohne es zu merken, diesen Namen dem nachfolgenden Stern, und entsprechend *al-wazn* dem vorangehenden.

[2] Der Ausdruck *yaṭluʿāni qabla suhayl* hat übrigens, in Verbindung mit einer weiteren Glosse, die Phantasie der Lexikographen zu einer bezeichnenden Spekulation veranlaßt, mit der sich schon Ṣūfī auseinanderzusetzen versuchte: s. u. *al-muḫlifān*, nr. 174.

119b. *ḥādī an-naǧm*

„der Treiber, der die Plejaden [wie einen Kameltrupp] vor sich her treibt". Dies ist die gebräuchlichere Form, in der der Nebenname des sonst *ad-dabarān* (nr. 69) genannten Sterns überliefert wird (Ibn Qutayba 38, 5; Ṣūfī 154, 5; Ibn Sīda, *Muḫaṣṣaṣ* 9, 10, aus Abū Ḥanīfa; Marzūqī 1, 315, 3 v. u. im Text falsch *ḥārik an-naǧm*).

120. *al-ḥāǧizān*

„die beiden Abwehrenden". Um 1500 erwähnen die Nautiker Ibn Māǧid, *Kitāb al-fawāʾid*, Facsim. FERRAND, *Instructions Nautiques* I (Paris 1921—1923), fol. 8r, und Sulaymān al-Mahrī, *al-ʿUmda al-mahrīya*, Facsim. ebda. II (Paris 1925), fol. 16rff., daß die beiden Sterne $\beta\gamma$ Ursae Minoris, die seit alter Zeit unter dem Namen *al-farqadān* (nr. 96) bekannt waren, auch *al-ḥāǧizān* genannt würden. In der klassischen astronomischen Literatur begegnet der Name nicht. Orientreisende fanden ihn dagegen in neuer Zeit in den Sternmythen arabischer Stämme (VERNIER 1938 in Syrien als „Les Haouadjzin, les deux ‚interposees'", bei HENNINGER, *Über Sternkunde und Sternkult in Nord- und Zentralarabien*, Anthropos 79 [1954], p. 91; HESS bei den ʿÖtēbe [ʿUtayba] im Deminutiv als „el-Ḥoweigizên ‚die kleinen Abwehrenden'", ebda. p. 92).

121 a. *ḥāris aš-šamāl*

„der Hüter des Nordens". Ṣūfī 52, 16: ein anderer Name für den sonst *as-simāk ar-rāmiḥ* (nr. 270) genannten Stern Arktur. Sehr wahrscheinlich handelt es sich hier nicht um einen eigentlichen arabischen Namen, sondern um eine Adaptation des griechischen, auch bei Ptolemäus gegebenen, Ἀρκτοῦρος (= α Bootis).

121 b. *ḥāris as-samāʾ*

„der Hüter des Himmels". Ṣūfī 52, 16 gibt für Ἀρκτοῦρος neben *ḥāris aš-šamāl* noch extra *ḥāris as-samāʾ* als weitere arabische Bezeichnung. Dieser Ausdruck dürfte ein früher taḥrīf aus *ḥāris aš-šamāl* sein, welches seinerseits höchstwahrscheinlich eine Wiedergabe des griechischen Ἀρκτοῦρος war.

122. *al-ḥawḍ*

„der Teich". Ibn Qutayba 67, 2 (bei den unter Mondstation 14 mitbehandelten Sternen): *wa-ʿan yamīn qafazāt aẓ-ẓibāʾ kawākib mustadīra ġayr mutaqārina* ... „rechts von qafazāt aẓ-ẓibāʾ [nr. 211] sind kreisförmig angeordnete, nicht dicht beieinanderstehende Sterne ...". Ṣūfī 33, 3—6 (Yehuda II, 11) identifiziert *al-ḥawḍ* mit dem 7., 8., 9., 10., 11., 14. und 15. Stern des ptolemäischen Bildes Großer Bär = τ h $\upsilon\varphi\vartheta$ e f Ursae Maioris.

123. *al-ḥayya*

„die Schlange". Ibn Qutayba 150, 5: *wa-fī-mā bayna l-farqadayn wa-banāt naʿš kawākib yuqālu lahā l-ḥayya wa-raʾs al-ḥayya miṯl raʾs al-ḫalḫāl* „zwischen al-farqadān [= $\beta\gamma$ Ursae Minoris] und banāt naʿš [= $\varepsilon\zeta\eta$ Ursae Maioris] sind Sterne, die al-ḥayya ‚die Schlange' genannt werden; der Kopf der Schlange ist wie der Kopf des Fußringes". Weniger genau Marzūqī 2, 378, 11: *wa-rawā Ibn al-Aʿrābī ʿan al-ʿarab qāla ʿinda banāt naʿš kawkab yuqālu lahū l-ḥayya* „Ibn al-Aʿrābī überlieferte von den Arabern: bei banāt naʿš [= $\varepsilon\zeta\eta$ Ursae Maioris] ist ein Stern, der al-ḥayya ‚die Schlange' genannt wird". Auch Ṣūfī 42, 6—11 notiert diese Überlieferung aus den *anwāʾ*-Büchern und versucht, die „Schlange" nach einer mit Ibn Qutayba übereinstimmenden Version mit dem 28., 29., 30. und 31. Stern des ptolemäischen Bildes Drache = i$\alpha\kappa\lambda$ Draconis zu identifizieren (cf. o. p. 26).

124. *al-ḥimārān*

„die beiden Esel". Die Nautiker Ibn Māǧid, *Kitāb al-fawāʾid*, Facsim. Ferrand, *Instructions Nautiques* I (Paris 1921—1923), fol. 8r, und Sulaymān al-Mahrī, *al-ʿUmda al-mahrīya*, Facsim. ebda. II (Paris 1925), fol. 16r ff., nennen zwei Sterne *al-ḥimārān*, die der astronomischen Definition gemäß $\alpha\beta$ Centauri sind (cf. *Sternnamen* p. 215f. n. 1).

125. *al-ḥurrān*

„die beiden jungen (Gazellen)". Ibn Qutayba 148, 7; Ṣūfī 41, 13 (Yehuda III, 7): ein anderer Name für die beiden *aḏ-ḏiʾbān* (nr. 79) genannten Sterne.

126a. *al-ḥūt*

„der Fisch". Es handelt sich hier um das Bild eines Fisches, auf dessen „Bauch" oder „Herz" der Stern β Andromedae steht, der die 28. Mondstation bildet (s. *baṭn al-ḥūt*, nr. 64a, und *qalb al-ḥūt*, nr. 217). Zugrunde liegt das Tierkreisbild Fische, das in der arabischen Tradition seine Lage gegenüber der aus der griechischen Überlieferung bekannten etwas verändert hat. Unter Mondstation 28 erwähnt bei Ibn Qutayba 84, 9f.; Ṣūfī 128, 4ff. bemüht sich, die Lage dieses „großen Fisches" *samaka ʿaẓīma*, den die Araber *al-ḥūt* nennen, zu identifizieren. Seine Form wird umrissen von zwei Linien, die vom Andromedanebel (*al-laṭḫa as-saḥābīya*, nahe dem 14. Stern der Andromeda = ν Andromedae) ausgehen, und zwar die eine über den 1., 2., 3., 10. und 11. Stern des ptolemäischen Bildes Andromeda = $\delta\pi\varepsilon\zeta\eta$ Andromedae und den 29., 30. und 31. des ptolemäischen Bildes Fische = $\psi^{1,2,3}$ Piscium bis zum 23. Stern der Fische = ϱ Piscium, und die andere über den 14., 13. und 12. Stern der

Andromeda = $\nu\mu\beta$ Andromedae und den 32., 33. und 34. Stern der Fische = $\upsilon\varphi\chi$ Piscium ebenfalls bis zu ϱ Piscium; sein Schwanz zeige nach Süden, sein Maul nach Norden; auf seinem „Bauch" stehe der 12. Stern der Andromeda = β Andromedae, *baṭn al-ḥūt* (nr. 64a); cf. o. p. 26.

126b. *samaka uḫrā*

„ein anderer Fisch". Neben dem eben besprochenen „großen Fisch" *samaka ʿaẓīma*, der *al-ḥūt* genannt wird, gibt es in derselben Gegend noch einen zweiten Fisch. Ibn Qutayba 85, 12 erwähnt ihn als *as-samaka aṣ-ṣuġrā* den „kleineren Fisch" und gibt an, er liege nördlich von dem zuvor beschriebenen und sei breiter und kürzer als dieser. Ṣūfī 132f. versucht, auch die Lage dieses „anderen Fisches" zu identifizieren: der 18. und 19. Stern des ptolemäischen Bildes Andromeda = $\upsilon\tau$ Andromedae stünden auf „seinem Maul" *famuhā*, und der 1. Stern des ptolemäischen Bildes Perseus = hχ Persei auf „seinem Schwanz" *ḏanabuhā*; seine Umrisse seien gegeben durch eine Linie, die vom 18. Stern der Andromeda = υ Andromedae über den 22., 16. und 17. der Andromeda = χ Andromedae und $\varphi\upsilon$ Persei bis zum 1. des Perseus = hχ Persei verlaufe, während die zweite Linie vom 19. der Andromeda = τ Andromedae ausgehe und am 15. der Andromeda = γ Andromedae vorbei ebenfalls zu hχ Persei verlaufe.

127. *al-ḫāfī*

Bei den Nautikern Sulaymān al-Mahrī, *al-ʿUmda al-mahrīya*, Facsim. Ferrand, *Instructions Nautiques* II (Paris 1925), fol. 16rff., und Ibn Māǧid, ebda. I (Paris 1921—1923), fol. 33r, ein Name für den vierten der vier Sterne des *naʿš* = δ Ursae Maioris.

128. *al-ḫarātān*

Die beiden Sterne der 11. Mondstation *az-zubra* (nr. 323a), $\delta\vartheta$ Leonis, wurden auch *al-ḫarātān* genannt (Ibn Qutayba 59, 1; Abū Ḥanīfa bei Ibn Sīda, *Muḫaṣṣaṣ* 9, 11 = Marzūqī 1, 191; Ṣūfī 181, 10 [Yehuda XXV, 6]). Die Bedeutung des Wortes ist unklar; die besten und ältesten Überlieferungen geben es in der genannten Form (wobei sie meist hinzufügen: „der Singular heißt ḫarāt" [*ḫrʾh*]); cf. Hommel, ZDMG 45 (1891), p. 603, n. 2. Schon früh ist wohl auch gelegentlich das *alif* hinter *r* ausgelassen und somit geschrieben worden *al-ḫrtān*. Daher schreibt Bīrūnī, *Āṯār* 344, 3 den Namen: *al-ḫurtān min al-ḫurt wa-huwa ṯ-ṯuqb* „die beiden Löcher, von al-ḫurt ‚das Loch'". Ähnlich Ibn Manẓūr, *Kitāb niṯār al-azhār*, Konstantinopel 1298, p. 177: *wa-yuqālu l-ḫurtān ka-annahū šubbiha bi-l-ḫurt wa-huwa ṯ-ṯuqb* „man sagt auch al-ḫurtān, als wäre es gleich dem ḫurt d.h. ‚das Loch'" (cf. auch *Sternnamen* p. 153 nr. 77).

129. *al-ḫayl*

„die Pferde". Ibn Qutayba 73, 10 (bei den unter Mondstation 19 mitbehandelten Sternen): *al-kawākib al-mutafarriqa asfal min šawlat al-ʿaqrab* „die zerstreuten Sterne unterhalb von šawlat al-ʿaqrab [= $\lambda\upsilon$ Scorpionis]". Diese Definition würde etwa die Sterne des ptolemäischen Bildes Altar = Ara bezeichnen. Ganz abweichend hiervon identifiziert Ṣūfī 314, 3 *al-ḫayl* mit dem 2. externen Stern des ptolemäischen Bildes Wasserschlange = α Sextantis und den anderen helleren Sternen zwischen dem Löwen und dem Ende der Wasserschlange.

130. *al-ḫibāʾ*

„das Zelt". Ibn Qutayba 67, 3 (bei den unter Mondstation 14 mitbehandelten Sternen): *wa-l-ḫibāʾ asfal min al-ḥawḍ kawākib fī miṯl hayʾat al-ḫibāʾ al-yamāniya* „al-ḫibāʾ: Sterne unterhalb von al-ḥawḍ [= $\tau h \upsilon \varphi \vartheta e f$ Ursae Maioris], in Form des Südlichen Zeltes [cf. den folgenden Artikel]". Bei Marzūqī 2, 378, 19 lautet die Definition: *wa-l-ḫibāʾ kawākib fī miṯl hayʾat al-ḫibāʾ asfal min awlād aḍ-ḍibāʿ* „al-ḫibāʾ sind Sterne in Form eines Zeltes, unterhalb von awlād aḍ-ḍibāʿ [nr. 20]". Ṣūfī 91, 16—17 rechnet zu diesen *al-ḫibāʾ* genannten Sternen die schwachen von Ptolemäus nicht beschriebenen Sterne des modernen Bildes Giraffe sowie auch den 1. und 2. des ptolemäischen Bildes Fuhrmann = $\delta\xi$ Aurigae.

131a. *al-ḫibāʾ*

„das Zelt". Ibn Qutayba 62, 11 (bei den unter Mondstation 14 mitbehandelten Sternen) und 73, 3 (bei den unter Mondstation 19 mitbehandelten Sternen); Marzūqī 2, 383; Ṣūfī 313, 3; 321, 5 (Yehuda XLII, 6): ein anderer Name für die *ʿarš as-simāk al-aʿzal* (nr. 40) genannten Sterne.

131b. *al-ḫibāʾ al-yamānī*

Ṣūfī 313, 7 erwähnt hier das gleiche Gestirn unter dem erweiterten Namen *al-ḫibāʾ al-yamānī* „das südliche Zelt".

132a. *al-ibra*

„der Stachel [des Skorpions]". Nach Ṣūfī 209, 14 (Yehuda XXVIII, 4) ein anderer Name für die beiden sonst *aš-šawla* (nr. 288a) genannten Sterne $\lambda\upsilon$ Scorpionis, die die 19. Mondstation bilden.

132b. *ibrat al-ʿaqrab*

„der Stachel des Skorpions". In dieser vollständigeren Form führt Ibn Qutayba 72, 2 (unter Mondstation 19) den Namen auf, definiert ihn jedoch: *wa-baʿdahā ibrat al-ʿaqrab ka-annahā laṯḫat ġaym* „hinter ihr [scil. *aš-šawla*] ist ‚der Stachel des Skorpions', als wäre er ein Nebelfleck". Er sieht also in *ibrat al-ʿaqrab* ein von *aš-šawla* verschiedenes Gestirn, das dahinter steht. Seine Definition bezieht sich auf G Scorpionis nebst dem danebenstehenden Nebel, welche auch schon Ptolemäus als 1. externen Stern mit zum Bild des Skorpions gezählt hat. Der Ausdruck *ibra* für „Stachel" ist echt arabischen Ursprungs; für Ptolemäus' κέντρον wird in den arabischen Versionen *al-ḥuma* oder *aš-šawka* gebraucht.

133. *ibrat al-mirfaq*

„die Spitze des Ellenbogens [der ausgestreckten rechten Hand der ṯurayyā]". Ibn Qutayba 34, 1 (unter Mondstation 3): ein kleiner Stern unterhalb von *al-mirfaq* (α Persei); genauer identifiziert ihn Ṣūfī 85, 12 mit dem 9. Stern im ptolemäischen Bild Perseus = ψ Persei.

134a. *al-iklīl*

„die Krone [auf der Stirn (des Skorpions)?]". Mondstation 17. Ibn Qutayba 69, 10: . . . *ṯalāṯat kawākib wa-hiya muṣṭaffa muʿtariḍa* „. . . drei Sterne, sie stehen in einer Reihe und fallen sehr ins Auge". Ṣūfī 209, 8, auch 202, 7ff. (Yehuda XXVII, 2), identifiziert sie mit den drei Sternen auf der Stirn des ptolemäischen Bildes Skorpion = $\beta\delta\pi$ Scorpionis.

134b. *iklīl al-ʿaqrab*

„die Krone [auf der Stirn] des Skorpions". Ibn Qutayba 69, 10 gibt den vorangehend behandelten Namen auch in dieser vollständigeren Form.

135. *kabid al-asad*

Ibn Qutayba 66, 5 (bei den unter Mondstation 14 mitbehandelten Sternen): *wa-huwa kawkab aḥmar bayna l-ʿawwāʾ wa-bayna banāt naʿš* „. . . das ist ein roter Stern zwischen al-ʿawwāʾ [= $\beta\eta\gamma\delta\varepsilon$ Virginis] und banāt naʿš [= $\varepsilon\zeta\eta$ Ursae Maioris]". Ṣūfī 33, 13 (Yehuda II, 12); 180, 17 identifiziert ihn mit dem 1. externen Stern des ptolemäischen Bildes Großer Bär = Fl. 12 (α) Canum Venaticorum. *kabid* ist die „Leber". Der sich aus der Definierung ergebende Stern steht recht weit außerhalb des Bereichs des Löwenbildes. Da der Löwe nach den Überlieferungen der arabischen Lexikographen aber sowieso ein vollständig verzerrtes unzusammenhängendes Gebilde ist (cf. o. p. 24f.), mag das kein Hindernis sein, den Namen als „Leber des Löwen" zu fassen. Hinzu kommt, daß der von Ṣūfī aus der *anwāʾ*-Definierung erschlossene Stern nicht rot ist; rot ist dagegen α Bootis (*as-simāk ar-rāmiḥ*), auf den auch die Positionsangabe grob gesehen zutreffen könnte, so daß möglicherweise er gemeint wäre. Freilich ist α Bootis bereits als *sāq* „Hinterbein" Bestandteil des Löwenbildes (s. u. nr. 263), doch haben auch andere Sterne unter verschiedenen

Namen Teil am Gesamtbid des Löwen. Eine Interpretation im Zusammenhang mit der Bedeutung „Mitte [hier: des Himmels = Kulmination]" erscheint weniger naheliegend.

136 a. *al-kaff*

„die [ausgestreckte rechte] Hand [der ṯurayyā]". Nach Ṣūfī 85, 8 (Yehuda XXXIII, 5) hießen die hellen Sterne des ptolemäischen Bildes Kassiopeia (also wohl $\beta\alpha\gamma\delta\varepsilon$ Cassiopeiae) bei den Arabern *al-kaff* „die flache Hand", worunter sie sich die rechte ausgestreckte Hand der *ṯurayyā* vorstellten.

136 b. *al-kaff al-ḫaḍīb*

„die [mit *ḥinnā'*] gefärbte [ausgestreckte rechte] Hand [der ṯurayyā]". Ibn Qutayba bespricht unter Mondstation 3 die „beiden Hände" der *ṯurayyā* und erklärt *al-kaff al-ḫaḍīb* (32, 11): *wa-huwa kaff aṯ-ṯurayyā al-mutawassiṭa* [sic ed. Pellat statt richtigem *al-mabsūṭa*] *ḫamsat kawākib bīḍ fī l-maǧarra ḥiyāla l-ḥūt* „das ist die ausgestreckte Hand der ṯurayyā, fünf weiße Sterne in der Milchstraße, gegenüber dem ‚Fisch' al-ḥūt"; *Adab al-kātib* 95, 4: *wa-l-kaff al-ḫaḍīb kaff aṯ-ṯurayyā al-mabsūṭa*. Ṣūfī 77, 17 (Yehuda X, 1. 2): *wa-l-ʿarab tusammī n-nayyira min hāḏihi l-kawākib al-kaff al-ḫaḍīb wa-hiya kaff aṯ-ṯurayyā al-yumnā al-mabsūṭa* (p. 85, 7: *mamdūda*) „die Araber nennen die hellen dieser Sterne [scil. des ptolemäischen Bildes Kassiopeia] ‚die [mit *ḥinnā'*] gefärbte Hand', das ist die ausgestreckte rechte Hand der ṯurayyā".

136 c. *al-kaff al-ḫaḍīb*

Der gemeinsame Name der fünf hellen Kassiopeia-Sterne wurde von den Astronomen im Bedarfsfalle, besonders für die Verwendung auf Astrolabien, auch dem Stern β Cassiopeiae allein gegeben (Ṣūfī 77, 23).

137. *al-kaff al-ǧaḏmā'*

„die verstümmelte Hand [der ṯurayyā]". Das ist die andere der beiden Hände der *ṯurayyā*. Ibn Qutayba 32, 6 = *Adab al-kātib* 95, 5: *wa-hiya asfal min aš-šaraṭayn* „sie ist unterhalb von aš-šaraṭān [= $\beta\gamma$ bzw. $\beta\alpha$ Arietis]". Ṣūfī 260, 3—4 (Yehuda XXXIII, 4) identifiziert sie mit dem 1., 2., 3., 4., 5. und 6. Stern des ptolemäischen Bildes Walfisch = $\lambda\alpha\gamma\delta\nu\mu$ Ceti.

138. *al-kafīt*

„der [Vogel] mit angezogenen Flügeln". Bei Sulaymān al-Mahrī, *al-ʿUmda al-mahrīya*, Facsim. Ferrand, *Instructions Nautiques* II (Paris 1925), fol. 16r ff., ein anderer Name für den sonst *an-nasr al-wāqiʿ* (nr. 195a) genannten Stern.

139. *al-kalb*

„der Hund“. Ṣūfī 289, 5: *wa-qad ruwiya anna hāḏā l-kawkab bi-ʿaynihī yusammā l-kalb / annahum yusammūna hāḏā l-kawkab bi-ʿaynihī l-kalb* „es wurde überliefert, daß man ebendiesen Stern für sich auch al-kalb ‚der Hund‘ nennt“. Der im Text unmittelbar vorangehend beschriebene Stern ist der 9. im ptolemäischen Bild Großer Hund = β Canis Maioris, so daß *al-kalb* auf diesen zu beziehen wäre. Wahrscheinlicher jedoch soll auch *al-kalb*, wie *kalb al-ǧabbār* (s. u. nr. 140), zu dem davor beschriebenen Stern Sirius, α Canis Maioris, gehören.

140. *kalb al-ǧabbār*

„der Hund des Riesen [= Orion]“. Ibn Qutayba 48, 2 (bei den unter Mondstation 6 mitbehandelten Sternen); Ṣūfī 289, 2 (Yehuda XXXVII, 6): ein anderer Name für den sonst *aš-šiʿrā al-ʿabūr* (nr. 289a) genannten Stern Sirius. Es ist sehr wahrscheinlich, daß dieser Name wie auch der vorangehende (*al-kalb*) nicht ursprünglich arabisch, sondern aus dem griechischen Namen des Sirius, *Κύων* „Hund“, hervorgegangen sind. Darauf deutet auch die Zusammensetzung mit *al-ǧabbār* „des Riesen“, denn dieser Ausdruck für den Orion erscheint nur in bzw. seit den arabischen Ptolemäus-Übersetzungen, während die Araber selbst die Sterne des griechischen Orion-Bildes als *al-ǧawzāʾ* kannten (cf. unten *sayf al-ǧabbār*, nr. 266).

141. *kalb ar-rāʿī*

„der Schäferhund“. Ibn Qutayba 149, 11: ein kleiner Stern nahe *ar-rāʿī* (nr. 235, γ Cephei); Ṣūfī 47, 12 (Yehuda IV, 3) bezieht diesen Namen auf einen kleinen, von Ptolemäus nicht beschriebenen Stern zwischen den Füßen des Kepheus (κ und γ Cephei), näher zu γ hin, d. h. Fl. 28, 29 Cephei.

142. *kalb ar-rāʿī*

„der Schäferhund“. Nur Ṣūfī 63, 6 (Yehuda VII, 4); 102, 18: ein arabischer Name für den Stern auf dem Kopf des ptolemäischen Bildes Herkules = α Herculis.

143. *kalb ar-rāʿī*

„der Schäferhund“. Nur Ṣūfī 102, 20 (Yehuda XIII, 4): ein arabischer Name für den 2. Stern im ptolemäischen Bild Schlangenträger = β Ophiuchi. Im *Lisān* (Druck Bayrūt 1955—1956) 1, 723b heißt es: *al-kalb min an-nuǧūm: bi-ḥiḏāʾi d-dalw min asfal, wa-ʿalā ṭarīqatihī naǧm āḫar yuqālu lahū r-rāʿī* „‚der Hund‘, ein Stern: gegenüber von ad-dalw [= δγβα Pegasi], darunter; in seiner Bahn ist ein anderer Stern namens ‚der

Hirt'". Diese Definition erfaßt keinen der uns bekannten „Hirten" und „Schäferhunde", die im Kepheus, Herkules und Ophiuchus stehen; auch Sirius (*al-kalb*, nr. 139) und β Orionis (*rāʿī al-ǧawzā'*, nr. 237) kann sie der Lage nach kaum bezeichnen. So ist nicht zu erkennen, worauf sich der Lexikograph hier bezieht.

144. *al-kalbān*

„die beiden Hunde". Ibn Qutayba 39, 6 (unter Mondstation 4): *kawkabān ka-l-multaṣiqayn ṣaġīrān bayna n-naǧm wa-d-dabarān* „zwei kleine Sterne, gleichsam zusammenhängend, zwischen den Plejaden und ad-dabarān [= α Tauri]"; auch 40, 6: *kawkabān ṣaġīrān yakādāni yatamāssāni li-qurb mā baynahumā* „zwei kleine Sterne, die sich fast berühren, so gering ist der Abstand zwischen ihnen". Ibn Sīda, *Muḫaṣṣaṣ* 9, 10 (aus Abū Ḥanīfa): *kawkabān ṣaġīrān yakādāni yaltaṣiqāni bihī* „zwei kleine Sterne, die ihn [scil. α Tauri] fast berühren"; ähnlich Ibn Manẓūr, *Kitāb niṯār al-azhār*, Konstantinopel 1289, p. 175, aber ohne *bihī*: „. . . die einander fast berühren"; *Lisān* (Druck Bayrūt 1955—1956) 1, 723b: *naǧmān ṣaġīrān ka-l-multaziqayn bayna ṯ-ṯurayyā wa-d-dabarān* „zwei kleine Sterne, gleichsam zusammenklebend, zwischen den Plejaden und ad-dabarān [= α Tauri]". Ṣūfī 154, 7f. (Yehuda XXII, 3) identifiziert die „beiden Hunde" mit dem 21. und 22. Stern im ptolemäischen Bild Stier = $\upsilon \varkappa$ Tauri.

145. *al-karab*

„die Befestigung des Brunnenseils am Schöpfeimer". Ibn Qutayba 86, 13: *wa-huwa wasṭa l-farġayn* „er ist in der Mitte der beiden ‚Ausgüsse'"; genauer identifiziert Ṣūfī 122, 11 hiermit den 5. und 6. Stern im ptolemäischen Bild Pegasus = $\tau \upsilon$ Pegasi.

146. *al-kāsir*

„der zum Sturz bereite [Raubvogel]". Bei den Nautikern Sulaymān al-Mahrī, *al-ʿUmda al-mahrīya*, Facsim. Ferrand, *Instructions Nautiques* II (Paris 1925), fol. 16rff., und Ibn Māǧid, Facsim. ebda. I (Paris 1921—1923), fol. 129r, ein anderer Name für den sonst *an-nasr al-wāqiʿ* (nr. 195a) genannten Stern. In den bezeichneten Hss ist das Wort verschrieben (*al-k'ṯr* bzw. *al-k's*), so daß Ferrand, a.a.O. III (Paris 1928), p. 211 mit n. 2, es nicht erkannte.

147. *kilāb aš-šitā'*

„die Hunde des Winters". Nach *Lisān* (Druck Bayrūt 1955—1956), 1, 723b ein gemeinsamer Name für die Mondstationen 7 bis 10.

148a. *kursī al-ǧawzā'*

„die Fußbank der ǧawzā'". Ibn Qutayba 48, 4 (bei den unter Mondstation 6 mitbehandelten Sternen): *arbaʿat kawākib ġayr mustawiyat at-tarbīʿ asfal min al-ǧawzā'* „vier Sterne in einem ungleichmäßigen Viereck unterhalb von al-ǧawzā'".

148b. *kursī al-ǧawzā' al-mu'aḫḫar*

„die hintere Fußbank der ǧawzā'". Von den gleichen Sternen spricht Ṣūfī 283, 12 (Yehuda XXXVI, 2) unter diesem erweiterten Namen und identifiziert sie mit dem 7., 8., 9. und 10. Stern des ptolemäischen Bildes Hase = $\alpha\beta\delta\gamma$ Leporis.

149. *kursī al-ǧawzā' al-muqaddam*

„die vordere Fußbank der ǧawzā'". Vier andere Sterne bilden diese „vordere Fußbank"; nur Ṣūfī 277, 13 (Yehuda XXXV, 5) erwähnt sie (Text: *al-mutaqaddim*) und identifiziert sie mit dem 36. Stern im ptolemäischen Bild Orion = τ Orionis und dem 1., 2. und 3. im ptolemäischen Bild Eridanus = $\lambda\beta\psi$ Eridani.

150. *al-lahāt*

„das Gaumenzäpfchen". Nach Abū Ḥanīfa bei Ibn Sīda, *Muḫaṣṣaṣ* 9, 11 = Marzūqī 1, 191 und Ṣūfī 173, 9 (Yehuda XXIV, 4) ein anderer Name für den sonst *an-naṯra* genannten nebligen Stern (nr. 201).

151. *al-lqṭ*

Nach Ṣūfī ein anderer Name für die drei *sayf al-ǧabbār* (nr. 266) genannten Sterne. Das Wort erscheint in den Hss in so weit abweichenden Formen (ed. Schjellerup: *al-lqṭ*, ms Paris *al-lʿṭ*; ed. Ḥaydarābād: *al-nqṭ*, ms Āṣafīya-Ḥaydarābād *al-lfẓ*), daß sich die richtige Lesung nicht mit Sicherheit restituieren läßt.

152. *al-ma'biḍ*

„die Handwurzel [der ausgestreckten rechten Hand der ṯurayyā]". Ibn Qutayba 33, 18: *wa-ʿalā iṯri ḏ-ḏirāʿ al-ma'biḍ wa-humā kawkabān mutaqāribān baynahumā fī ra'y al-ʿayn naḥwa ḏirāʿ* „hinter aḏ-ḏirāʿ [= $\eta\gamma$ Pegasi] ist al-ma'biḍ, das sind zwei nahe beieinander stehende Sterne, zwischen denen nach Augenmaß ein Abstand von einer ḏirāʿ [bei Ṣūfī = 2° 20′] ist". Ṣūfī kennt unter dieser Bezeichnung nur einen Stern, den er mit dem 8. im ptolemäischen Bild Perseus = σ Persei identifiziert.

153. *maḥāss* (oder: *maḥāšš*) *al-asad*

„das Hinterteil des Löwen“. Nach Ṣūfī 193, 10 (Yehuda XXVI, 4) ein anderer Name für die *warikā l-asad* (nr. 312) und *al-ʿawwāʾ* (nr. 44) genannten Sterne.

154. *maḫṭat al-asad*

„der Nasenschleim des Löwen“. Nach Ṣūfī 173, 8 ein anderer Name für den *an-naṯra* genannten nebligen Stern (nr. 201).

155. *al-makākī*

„die [Vögel namens] mukkāʾ“. Nur Ibn Qutayba 74, 2 (bei den unter Mondstation 19 mitbehandelten Sternen): *wa-ʿinda ṣ-ṣurad al-aʿlā mimmā yalī l-mašriq al-makākī wa-hiya tušbihu kawākib aš-šarāsīf* „und beim oberen [der beiden] ṣurad, nach Osten hin, sind die [Vögel namens] mukkāʾ, sie ähneln den Sternen aš-šarāsīf“. Weder Ṣūfī noch Marzūqī noch sonst ein Autor außer Ibn Qutayba erwähnen diesen Namen. Die Identifizierung der hiermit bezeichneten Sterne hängt ab von der Identifizierung der beiden *ṣurad*. Das sind nach Ṣūfī die beiden übereinanderstehenden Sterne $\vartheta^{1,2}\iota$ Sagittarii. Wahrscheinlich hat Ṣūfī hier geirrt, und es sind, in Übereinstimmung mit Ibn Qutayba und Marzūqī, eher die wesentlich helleren beiden Sterne α Indi und α Pavonis als *aṣ-ṣuradān* anzusetzen, d.h. der „obere ṣurad“ wäre α Indi. Dann müßten *al-makākī* die in dessen Nähe stehenden Sterne des modernen Bildes Indus sein. Die Sterne *aš-šarāsīf* bilden keine so scharf ausgeprägte Figur, daß man sie östlich des oberen *ṣurad* wiedererkennen könnte.

156. *al-maʿlaf*

„die Futterkrippe“. Ibn Qutayba 73, 7 (bei den unter Mondstation 19 mitbehandelten Sternen): *wa-bayna š-šarāsīf wa-l-ḫibāʾ kawākib mustanīra* [leg. *mustadīra*] *mutabaddida laysat ʿalā nasaq* „zwischen aš-šarāsīf und al-ḫibāʾ [= $\beta\gamma\delta\varepsilon$ Corvi] sind in lockerer Kreisform angeordnete Sterne...“. Ṣūfī 313f. und 318, 21 (Yehuda XLI, 4) identifiziert *al-maʿlaf* mit den Sternen des ptolemäischen Bildes Crater.

157. *al-mankib*

„die Schulter [der ausgestreckten rechten Hand der ṯurayyā]“. Ibn Qutayba 34, 3: *wa-humā kawkabān yušbihāni l-maʾbiḍ wa-l-buṭayn ʿan yamīn al-mankib* „das sind zwei Sterne ähnlich wie al-maʾbiḍ, rechts von al-mankib ist al-buṭayn [= Fl. 41 (c), 39, 35, 33 Arietis]“. Anders ist bei Ṣūfī 85, 14 (Yehuda XI, 5) *al-mankib* nur ein Stern, den er mit dem 24. im ptolemäischen Bild Perseus = ξ Persei identifiziert.

158. *mankib al-ǧawzāʾ*

„die Schulter der ǧawzāʾ“. Nach Ṣūfī 269, 2 (Yehuda XXXIV, 8) ein arabischer Name für den hellen Stern α Orionis. Dieser steht jedoch nach Ptolemäus „auf der rechten Schulter [ὦμος] des Orion“, und so geht wahrscheinlich *mankib* letzten Endes hierauf zurück. Cf. dagegen *yad al-ǧawzāʾ*, nr. 317 a.

159. *al-maysān*

Das ist nach alter arabischer Überlieferung der Name des einen der beiden *al-hanʿa* genannten Sterne, die die sechste Mondstation bilden. Siehe unten *az-zirr*, nr. 321.

160 a. *al-miǧdaḥ*

(Hommel, ZDMG 45 [1891], p. 601 n. 3: „der Regenaufstörer“). Ibn Qutayba 37, 7; Abū Ḥanīfa bei Ibn Sīda, *Muḫaṣṣaṣ* 9, 11 = Marzūqī 1, 188; Ṣūfī 154, 3: ein anderer Name für den sonst *ad-dabarān* (nr. 69) genannten Stern (cf. u. *al-muǧdaḥ*, nr. 172).

160 b. *miǧdaḥ aṯ-ṯurayyā*

Yehuda XXII, 4 bietet den vorangehend behandelten Namen in der Form ‚mistah açoraya‘, woraus ein arabisches Original *miǧdaḥ aṯ-ṯurayyā* zu erschließen ist.

161 a. *al-minḫarān*

„die Nasenlöcher [des Löwen]“. Nach Ṣūfī 173, 7 (Yehuda XXIV, 6) ein Name für die beiden auf ε Cancri folgenden Sterne γδ Cancri.

161 b. *minḫarā l-asad*

„die Nasenlöcher des Löwen“. Ṣūfī a. a. O. gibt den vorangehend behandelten Namen auch in dieser vollständigeren Form.

162. *minṭaqat al-ǧawzāʾ*

„der Gürtel der ǧawzāʾ“. Bei Ṣūfī 269, 8 (Yehuda XXXIV, 7) ein anderer Name für die drei *niṭāq al-ǧawzāʾ* (nr. 204) genannten Sterne. Wahrscheinlich ist dieser Name jedoch nicht echt arabisch, sondern aus den Ptolemäusübersetzungen (*ἐπὶ τῆς ζωνῆς* = *fī l-minṭaqa*) hervorgegangen, während der altarabische Name *niṭāq al-ǧawzāʾ* lautete.

163. *al-mirfaq*

„der Ellenbogen [der ausgestreckten rechten Hand der ṯurayyā]“. Ibn Qutayba 33, 14: ein weißer Stern nach *al-maʿbiḍ*. Ṣūfī 85, 11 (Yehuda XI, 6) identifiziert ihn mit dem 7. im ptolemäischen Bild Perseus = α Persei.

164a. *al-mirzam*

Ibn Qutayba, *Adab al-kātib* 96, 8: *maʿa kull wāḥid minhumā kawkab yuqālu lahū l-mirzam* „jeder der beiden [scil. *aš-šiʿrayayn*, Sirius und Prokyon] hat einen Stern namens al-mirzam bei sich"; Ṣūfī 291 (Tabelle, 9. Stern im ptolemäischen Bild Großer Hund = β Canis Maioris) und Fig. 38 (Yehuda XXXVII, 7): *al-mirzam*. Ein sehr alter Name, mit dem β Canis Maioris und β Canis Minoris (und γ Orionis?) bezeichnet wurden; cf. *Sternnamen* p. 185f., nr. 142, und p. 117f. n. 3. Er erhält daher meist zur näheren Definierung ein Beiwort, das ihn eindeutig als einen der genannten drei Sterne ausweist. Wie die ausführlichen älteren Mondstationenbeschreibungen erkennen lassen, haben hier Benennungen für drei Sternpaare vorgelegen, die später durcheinandergerieten. Einmal gab es zwei *ḏirāʿ*, *maqbūḍa* und *mabsūṭa*; eine hiervon bildete unter dem Namen *aḏ-ḏirāʿ* die siebente Mondstation und bestand aus αβ Geminorum; die andere dagegen war nicht Mondstation und bestand aus zwei Sternen, von denen einer (*aš-šiʿrā*) *al-ġumayṣāʾ* und der andere *al-mirzam* hieß. Andererseits gab es zwei *šiʿrā*, jeder mit einem Stern namens *al-mirzam* bei sich; der eine war (*aš-šiʿrā*) *al-ġumayṣāʾ* (α Canis Minoris) mit seinem *mirzam* (β Canis Minoris), die zugleich die nicht Mondstation bildende *ḏirāʿ* darstellen; der andere war (*aš-šiʿrā*) *al-ʿabūr* (α Canis Maioris) mit seinem *mirzam* (β Canis Maioris), die *fī l-ǧawzāʾ* „im [Tierkreiszeichen] Zwillinge" (Positionsangabe!) gelegen waren. Schon von Ibn Kunāsa wird der Fehler überliefert, daß er die eine von den beiden *ḏirāʿ* als ganzes *mirzam* genannt habe; was schließlich der *Lisān* von Ibn Kunāsa zitiert (s. u. nr. 165a, β Canis Minoris), ist ein hoffnungslos verstümmelter Text.

164b. *mirzam al-ʿabūr*

„der zu al-ʿabūr [= Sirius] gehörige mirzam". Ibn Qutayba 49, 6 (bei den unter Mondstation 7 mitbehandelten Sternen); Ṣūfī 289, 4: Name des Sterns β Canis Maioris.

164c. *mirzam aš-šiʿrā*

„der zu aš-šiʿrā [= Sirius] gehörige mirzam". Ibn Qutayba 46, 5 (bei den unter Mondstation 6 mitbehandelten Sternen); Ṣūfī 289, 4: Name des Sterns β Canis Maioris.

165a. *al-mirzam*

Auch der Stern β Canis Minoris trug den Namen *al-mirzam*: Ibn Qutayba 49, 5 (bei den unter Mondstation 7 mitbehandelten Sternen; cf. auch *Adab al-kātib*, oben nr. 164a); Ṣūfī 294 (Tabelle, 1. Stern im ptolemäischen Bild Kleiner Hund = β Canis Minoris) und Fig. 39 (Yehuda XXXVIII, 5); Marzūqī 1, 317, 11; ferner 1, 190, 13: *wa-qāla Ibn Kunāsa aḏ-ḏirāʿ al-maqbūḍa hiya bi-asrihā l-mirzam* „Ibn Kunāsa sagt: aḏ-ḏirāʿ al-maqbūḍa als ganzes ist al-mirzam" (Ibn Kunāsa meint offenbar diejenige der beiden *ḏirāʿ*, die nicht Mondstation ist, also $\alpha\beta$ Canis Minoris; die gleiche Definition bei Ibn Manẓūr, *Kitāb niṯār al-azhār*, Konstantinopel 1298, p. 176f., aber nicht auf Ibn Kunāsa zurückgeführt, sondern nur: *wa-qīla* „man sagt auch ..."); cf. auch *Lisān* (Druck Bayrūt 1955—1956) 12, 240a: *qāla Ibn Kunāsa al-mirzamān naǧmān wa-humā maʿa š-šiʿrayayn fa-ḏ-ḏirāʿ al-maqbūḍa hiya iḥdā l-mirzamayn wa-naẓm al-ǧawzāʾ aḥad al-mirzamayn wa-naẓmuhumā kawākib maʿahumā fa-humā mirzamā š-šiʿrayayn wa-š-šiʿrayān naǧmāhumā allaḏān maʿahumā ḏ-ḏirāʿān yakūnāni maʿahumā* „Ibn Kunāsa sagt: die beiden mirzam sind zwei Sterne, sie gehören zu den beiden Sirii (d.h. Sirius und Prokyon]; aḏ-ḏirāʿ al-maqbūḍa ist einer der beiden mirzam, und naẓm al-ǧawzāʾ [d.h. der Oriongürtel, $\delta\varepsilon\zeta$ Orionis] ist der andere der beiden mirzam, und ihrer beider Reihe sind Sterne bei ihnen beiden; sie sind die beiden mirzam der beiden Sirii; und die beiden Sirii sind ihre beiden Sterne, die bei ihnen sind; die beiden ḏirāʿ sind bei ihnen". Diese beiden auf Ibn Kunāsa zurückgeführten Lexikographendefinitionen scheinen entscheidend verstümmelt zu sein und stiften eher neue Verwirrungen, als daß sie die gemäß der Mehrzahl der übrigen Zeugnisse vorgenommene Identifizierung mit β Canis Minoris bestätigen (cf. *Sternnamen* p. 117f. n. 3).

165b. *mirzam aḏ-ḏirāʿ*

„der zur [nicht Mondstation bildenden] ḏirāʿ [= $\alpha\beta$ Canis Minoris] gehörige mirzam". Ibn Qutayba 49, 5 (bei den unter Mondstation 7 mitbehandelten Sternen); Abū Ḥanīfa bei Ibn Sīda, *Muḫaṣṣaṣ* 9, 11 = Marzūqī 1, 190; auch Marzūqī 1, 317, 11; Ibn Manẓūr, *Kitāb niṯār al-azhār*, Konstantinopel 1298, p. 176: Name des Sterns β Canis Minoris.

166a. *al-mirzam*

Nach Ṣūfī 269, 6 (Yehuda XXXIV, 9) auch ein Name für den Stern auf der linken Schulter des Orion = γ Orionis, neben *an-nāǧiḏ* (nr. 185).

166b. *mirzam al-ǧawzāʾ*

„der zu al-ǧawzāʾ gehörige mirzam". Nach Ibn Qutayba 45, 14 (bei den unter Mondstation 6 mitbehandelten Sternen) und Marzūqī 2, 379, 3 ein Name für den roten der beiden Schultersterne des Orion = α Orionis; Ṣūfī 269, 3—5 referiert diese Überlieferung und lehnt sie ab: *wa-ḏālika ǧalaṭ li-anna min ʿādatihim an yusammū l-kawkab allaḏī taqaddama n-nayyir al-mirzam miṯla mirzamay aš-šiʿrayayn* „das ist falsch, denn ihrer Gewohnheit nach nannten sie [scil. die Beduinen] denjenigen Stern, der dem hellen vorangeht, al-mirzam, wie beispielsweise die beiden mirzam der beiden Sirii" (cf. *Sternnamen* p. 117f. n. 3); hier folgt aber gerade der hellere α dem schwächeren γ hintennach. Wahrscheinlich existierte ursprünglich überhaupt kein Name *mirzam al-ǧawzāʾ* für einen Orionstern; denn in einigen Definitionen der beiden *mirzam* heißt es, der eine der beiden bilde zusammen mit (*aš-šiʿrā*) *al-ġumayṣāʾ* (α Canis Minoris) das Gestirn *aḏ-ḏirāʿ al-maqbūḍa*, während der andere (β Canis Maioris) im Tierkreiszeichen Zwillinge stehe (z. B. Ibn Sīda, *Muḫaṣṣaṣ* 9, 11: ... *wa-l-āḫar fī l-ǧawzāʾ* „... und der andere [scil. *mirzam*] steht im Tierkreiszeichen Zwillinge"; ähnlich Ibn Qutayba 49, 5—6). Es war seit Ptolemäus die allgemein übliche Form, Sternpositionen anzugeben, indem man sie als Paranatellon zu einem Tierkreiszeichen fixierte; auch Ptolemäus zählte die Längengrade auf der Ekliptik nach Tierkreiszeichen, und diese Meßweise erhielt sich bis über das Mittelalter hinaus auch in Europa. So hat sich offenbar *mirzam al-ǧawzāʾ* (vielleicht ebenso *al-mirzam* allein für γ Orionis, Ṣūfī oben in Artikel 166a) erst sekundär aus jenem *fī l-ǧawzāʾ* heraus gebildet. Cf. schließlich den folgenden Artikel.

167. *mirzam as-simāk*

Marzūqī 1, 260 zitiert zu einem anonymen Gedichtfragment folgende Glosse: *al-aʿǧamān*[1] *as-sayl wa-l-ḥarīq wa-ḥakā Abū ʿUmar* [Text falsch: *Abū ʿAmr*; cf. GAL I, 119] *Ġulām Ṯaʿlab mirzam as-simāk wa-mirzam al-ǧawzāʾ* „al-aʿǧamān [bezeichnet]: die Flut und das Feuer; Abū ʿUmar Ġulām Ṯaʿlab jedoch berichtete [, der Ausdruck bezeichne]: mirzam as-simāk und mirzam al-ǧawzāʾ". Zu *mirzam al-ǧawzāʾ* siehe nr. 166 b. *as-simāk* ist, in dieser knappen Form, die 14. Mondstation, α Virginis; doch ist sonst nirgends ein Auftreten von *al-mirzam* in Verbindung mit α Virginis, *as-simāk*, belegbar. Es muß vollkommen offen bleiben, was an Realem letztlich hinter diesem Grammatikerorakel stecken könnte. Unmittelbare sachliche Zusammenhänge ergeben sich nicht.

168. *al-misḥalān*

„die beiden Wildesel". Bei Ibn Māǧid, *Kitāb al-fawāʾid*, Facsim. FERRAND, *Instructions Nautiques* I (Paris 1921—1923), fol. 8r, ein anderer Name für die beiden *al-ḥimārān* (nr. 124) genannten Sterne.

169. *al-miʿṣam*

„das Handgelenk [der ausgestreckten rechten Hand der ṯurayyā]". Ibn Qutayba 33, 10: *ʿalā iṯri l-ḫaḍīb ... wa-huwa laṯḫa ka-laṯḫat as-saḥāb* „hinter al-ḫaḍīb [= βαγδε Cassiopeiae] ... es ist ein Fleck, wie ein Wolkenfleck"; Ṣūfī 85, 9 (Yehuda XI, 4) identifiziert *al-miʿṣam* mit dem nebligen Stern auf dem Handende des ptolemäischen Bildes Perseus = χh Persei.

---

[1] Das gleiche Fragment im *Lisān* s. v. *ṯrm* und *ʿmy* mit der wahrscheinlich besseren Überlieferung *al-aʿmayān* (statt *al-aʿǧamān*) und der Erklärung *as-sayl wa-n-nār* (ohne den Zusatz von Abū ʿUmar).

170. *al-mīzān*

„die Waage". Ibn Qutayba, *Adab al-kātib* 95, 4 (über die drei Sterne von *an-nasr aṭ-ṭā'ir*, αβγ Aquilae): *wa-l-ʿāmma tusammīhā l-mīzān* „die Menge nennt sie die Waage"; auch Ṣūfī 102, 2—3 erwähnt diese Bezeichnung: *wa-l-ʿāmma tusammī ṯ-ṯalāṯa al-mašhūra al-mīzān li-stiwā' kawākibihī* „die Menge nennt die bekannten drei [Sterne] die Waage wegen der gleichmäßigen Anordnung ihrer Sterne". Bei Qazwīnī ist zwischen *al-mašhūra* und *al-mīzān* noch eingeschoben *min ḫāriǧ aṣ-ṣūra* „die außerhalb des Bildes stehen", was richtig nur *min aṣ-ṣūra* „aus dem Bild [scil. Adler]" heißen müßte; durch diesen Textfehler wurde IDELER veranlaßt, die „Waage" fälschlich mit ϑηδ Aquilae zu identifizieren.

171. *al-mīzān*

„die Waage". Auch die drei ebenso gleichmäßig angeordneten Sterne des Oriongürtels, δεζ Orionis, wurden *al-mīzān* genannt, vielleicht freilich erst in jüngerer Zeit. Ein Zeugnis dafür findet sich erst bei Sulaymān al-Mahrī, *al-ʿUmda al-mahrīya*, Facsim. FERRAND, *Instructions Nautiques* II (Paris 1925), fol. 16rff. Cf. hierzu auch IDELER p. 213 aus NIEBUHR p. 113, wonach die waagerechten drei Sterne δεζ Orionis bei den heutigen Arabern *mīzān al-ḥaqq* „der richtige Waagebalken" genannt werden und die senkrechten drei Sterne c$\vartheta^{1,2}\iota$ Orionis dagegen [*al-*]*mīzān al-bāṭil* „der falsche Waagebalken".

172. *al-muǧdaḥ*

Nach Abū Ḥanīfa bei Ibn Sīda, *Muḫaṣṣaṣ* 9, 11 = Marzūqī 1, 188 und Ṣūfī 154, 3: sic, mit ḍamma bei mīm, ebenso wie *al-miǧdaḥ* mit kasra bei mīm, ein anderer Name für den sonst *ad-dabarān* (nr. 69) genannten Stern (cf. o. nr. 160a).

173. *al-muḥibbān*

„die beiden Liebenden". Nur Ṣūfī 227, 12 (Yehuda XXX, 3): ein anderer Name für die beiden sonst *saʿd nāšira* (nr. 257, 9) genannten Sterne.

174. *al-muḥlifān*

„die beiden zum Schwören Veranlassenden [= Umstrittenen]". Ṣūfī 289, 13 (Yehuda XXXVII, 8) und 333, 7 überliefert als regelrechten weiteren Eigennamen der beiden Sterne *ḥaḍāri* und *al-wazn* den Ausdruck *(al-)muḥlifān*. Die Prüfung anderer, zweifellos älterer Zeugnisse läßt jedoch erkennen, daß dieser Ausdruck ursprünglich offenbar gar kein Eigenname der beiden Sterne *ḥaḍāri* und *al-wazn* gewesen ist. Ibn Qutayba 157, 8: *taqūlu l-ʿarab ḥaḍāri wa-l-wazn muḥlifān* „die Beduinen sagen: ḥaḍāri und al-wazn sind zwei umstrittene [Dinge, Sterne]" (ebenso *Simṭ al-la'ālī* I 121, 7ff.); so auch *Lisān* (Druck Bayrūt 1955—1956) 13,

448b: *(al-wazn) ... wa-huwa aḥad al-kawkabayn al-muḥlifayn taqūlu l-ʿarab ḥaḍāri wa-l-wazn muḥlifān wa-humā naǧmān yaṭluʿāni qabla suhayl* „(al-wazn) ... das ist einer der beiden umstrittenen Sterne; die Beduinen sagen: ḥaḍāri und al-wazn sind zwei umstrittene [Dinge, Sterne], es sind zwei Sterne, die vor suhayl aufgehen"; ähnlich Marzūqī 2, 382, 7: *wa-min kalāmihim ḥaḍāri wa-l-wazn muḥlifān* „und sie sagen: ḥaḍāri und al-wazn sind zwei umstrittene [Dinge, Sterne]"; Ṣūfī 14, 6 in seiner Kritik der Überlieferungen Abū Ḥanīfas: *ṯumma ḏakara baʿda ḏālika ḥaḍāri wa-l-wazn wa-annahumā yusammayāni muḥlifayn* „hiernach erwähnte er [scil. Abū Ḥanīfa in seinem *Kitāb al-anwā'*] ferner ḥaḍāri und al-wazn und daß sie muḥlifān ‚zwei umstrittene [Dinge, Sterne]' genannt werden". Wie aus diesen Zitaten klar zu entnehmen ist, handelt es sich bei dem Ausdruck *muḥlifān* um eine Glosse, die den Namen der beiden ja tatsächlich in der Identifizierung sehr umstrittenen Sterne (siehe oben *ḥaḍāri*, nr. 118) nachgestellt ist. Cf. hierzu *Lisān* (Druck Bayrūt 1955—1956) 9, 55a: *kull šay' muḥtalaf fīhi fa-huwa muḥlif* „jede umstrittene Sache [, die der Bestätigung durch einen Schwur bedarf,] ist muḥlif", auch *Lisān* 2, 139b: *wa-yuqālu li-š-šay' allaḏī yaḥtalifu n-nās fīhi fa-yaḥtamilu waǧhayn muḥlif wa-muḥniṯ* „man sagt zu jeder Sache, über die die Leute verschiedener Meinung sind, so daß sie zwei Auslegungen zuläßt, sie ist muḥlif oder auch muḥniṯ". Seit Ṣūfī existiert dann aber *al-muḥlifān* in den Sammlungen der Lexikographen und in astronomischen Werken als Alternativname der beiden Sterne *ḥaḍāri* und *al-wazn* (auch im Singular für jeweils einen der beiden). Dieser Ausdruck, in Verbindung mit der Bemerkung, *ḥaḍāri* und *al-wazn* gingen vor *suhayl* auf (s. oben *ḥaḍāri*, nr. 118), hat dann die unglaubwürdige story vom Verwechseln der beiden (!) mit *suhayl* hervorgerufen (Ṣūfī 333, 7—10; später auch bei den Lexikographen).

175. *al-muḥniṯān*

„die beiden zum Falschschwören Veranlassenden [= Umstrittenen]". Nur Ṣūfī an den im vorangehenden Artikel genannten Stellen (dazu Yehuda XXXVII, 9) setzt hinter *al-muḥlifān* (oben nr. 174) jedesmal auch noch *al-muḥniṯān*. Wie die oben zitierte Stelle *Lisān* 2, 139b zeigt, wird *muḥniṯ* gleichbedeutend mit *muḥlif* verwendet. Für diesen Ausdruck gilt das gleiche, was oben über *al-muḥlifān* gesagt ist.

176. *al-muqaddamān*

„die beiden Vorderen". Die Nautiker Ibn Māǧid, *Kitāb al-fawā'id*, Facsim. Ferrand, *Instructions Nautiques* I (Paris 1921—1923), fol. 8r, und Sulaymān al-Mahrī, *al-ʿUmda al-mahrīya*, Facsim. ebda. II (Paris 1925), fol. 16rff., nennen *αβ* Ursae Maioris *al-muqaddamān* (cf. o. *al-awwalān*, nr. 22).

177. *al-mrǧf* (*al-muzḥif?*)

s. o. *al-birǧīs*, nr. 66.

178. *al-mʿql* (?)

Sulaymān al-Mahrī, *al-ʿUmda al-mahrīya*, Facsim. Ferrand, *Instructions Nautiques* II (Paris 1925), fol. 16rff., nennt den ersten der beiden „Esel", β Centauri (s. o. *al-ḥimārān*, nr. 124), einzeln *al-mʿql*; für den zweiten, α Centauri, s. u. *aẓ-ẓalīm*, nr. 326.

179. *an-naʿāʾim*

Mondstation 20. Ibn Qutayba 74, 6: acht Sterne hinter *aš-šawla*. Ṣūfī im Text der Ḥaydarābāder Edition gibt diesen alteingebürgerten Namen eigenartigerweise nicht (jedoch Yehuda XXIX, 4), sondern nur die Teilnamen *an-naʿām aṣ-ṣādir* / *al-wārid* (nr. 182, 183). Der Name wird meist als „die Strauße" gedeutet, wozu sich andere in dieser Himmelsgegend auftretende Namen gesellen, die freilich jünger sein können; cf. dagegen *rāʿī an-naʿāʾim*, nr. 238b.

180. *an-naʿām*

Bei Ṣūfī 122, 11 (Yehuda XVIII, 12) ein anderer Name für die beiden *al-karab* (nr. 145) genannten Sterne. Die Lesung *an-naʿām* „die Strauße" (Kollektiv) dürfte kaum richtig sein, da der Name nur auf zwei Sterne bezogen ist. Qazwīnī schrieb *an-naʿāʾim* „die Balken, Brunnenschwengel", was zwar besser in den Zusammenhang von *ad-dalw* und seinen Einzelteilen paßt, sich aber als Plural ebenfalls nur schlecht mit den zwei Sternen τυ Pegasi verträgt (vgl. auch den metrisch erzwungenen poetischen Plural *al-farāqid* für *al-farqadān*, nr. 96).

181. *an-naʿām*

„die Strauße". Ṣūfī 260, 21 erwähnt den sonst im Plural gegebenen Namen der fünf Sterne im Cetus (nr. 184) auch in der Kollektivform.

182. *an-naʿām aṣ-ṣādir*

„die von der Tränke [am Fluß = Milchstraße] kommenden Strauße". Die vier von den acht Sternen *an-naʿāʾim*, die außerhalb der Milchstraße stehen, wurden seit alters als *an-naʿām aṣ-ṣādir* zusammengefaßt (Ibn Qutayba 74, 8); Ṣūfī 220, 4 (Yehuda XXIX, 5) identifiziert sie mit dem 6., 7., 21. und 22. im ptolemäischen Bild Schütze = σφτζ Sagittarii.

183. *an-naʿām al-wārid*

„die zur Tränke [am Fluß = Milchstraße] gehenden Strauße". Ähnlich wurden die vier in der Milchstraße stehenden Sterne von *an-naʿāʾim* zusammengefaßt als *an-naʿām al-wārid* (Ibn Qutayba 74, 7); Ṣūfī 219, 20 (Yehuda XXIX, 6) identifiziert sie mit dem 1., 2., 3. und 25. Stern im ptolemäischen Bild Schütze = $\gamma \delta \varepsilon \eta$ Sagittarii.

184. *an-naʿāmāt*

,,die Strauße''. Ibn Qutayba 73, 15 (bei den unter Mondstation 19 mitbehandelten Sternen): *baʿda r-riʾāl . . . ḫamsat kawākib ʿalā tarbīʿ an-naʿš* ,,hinter ar-riʾāl . . . es sind fünf Sterne, angeordnet in einer [Form ähnlich dem] Viereck des naʿš''; Ṣūfī 260, 21 (Yehuda XXXIII, 6) identifiziert sie mit dem 12., 13., 14., 15. und 16. Stern im ptolemäischen Bild Walfisch = $\tau \upsilon \zeta \vartheta \eta$ Ceti.

185. *an-nāǧiḏ*

Ṣūfī 269, 5 und hernach Marzūqī 2, 379, 6 geben als arabischen Eigennamen des Sterns auf der linken Schulter der *ǧawzāʾ*, γ Orionis, *an-nāǧiḏ* (Edition Schjellerup: *an-nāǧid*). Lesung und Bedeutung sind unsicher.

186. *an-naǧm*

,,das Gestirn''. Neben *aṯ-ṯurayyā* (nr. 306) eine alte arabische Bezeichnung für die Plejaden; Ibn Qutayba 23, 10ff.; Ṣūfī 153, 16 (Yehuda XXII, 5).

187a. *nāhizā d-dalw al-muʾaḫḫarān*

,,die beiden hinteren[1)] . . . [des Wasserschöpfeimers]''. Nach Ṣūfī 122, 9 ein anderer Name für die beiden *al-ʿarquwa as-suflā* (nr. 38a) bzw. *al-farġ aṯ-ṯānī* (nr. 93a) genannten Sterne.

187b. *nāhizā d-dalw al-muqaddamān*

,,die beiden vorderen[1)] . . . [des Wasserschöpfeimers]''. Nach Ṣūfī 122, 8 ein anderer Name für die beiden *al-ʿarquwa al-ʿulyā* (nr. 38b) bzw. *al-farġ al-awwal* (nr. 92a) genannten Sterne.

188. *an-nāḥis* (?)

,,der Unheilvolle''. Nur Sulaymān al-Mahrī, *al-ʿUmda al-mahrīya*, Facsim. Ferrand, *Instructions Nautiques* II (Paris 1925), fol. 16rff.: ein anderer Name für *at-tīr* (nr. 302) = *aš-šiʿrā al-ʿabūr*, α Canis Maioris. In der Hs ist das Wort völlig unpunktiert; meine Lesung *an-nāḥis* ,,der Unheilvolle'' ist lediglich Konjektur.

---

1) *nāhiz* als Gegenstand ist nicht näher bekannt. Bräunlich, *The Well in ancient Arabia*, Islamica 1 (1925), 41 ff. führt den Ausdruck nicht auf. Es muß sich auf jeden Fall um einen Gegenstand handeln, der Bestandteil des Schöpfgeräts ist — parallel zu *al-farġ(ān)* bzw. *al-ʿarquwa(tān)* — und nicht etwa um eine Person, die an oder mit diesem Schöpfgerät eine Handlung vornimmt. Möglicherweise ist das Wort *nāhiz* das Produkt eines undurchsichtigen taṣḥīf.

189. *an-nāʿiqān*

Nur *Lisān* (Druck Bayrūt 1955—1956) 10, 357a: *an-nāʿiqān kuwaykibān min kawākib al-ǧawzāʾ wa-humā aḍwaʾ kawkabayn fīhā yuqālu aḥaduhumā riǧluhā l-yusrā wa-l-āḫar mankibuhā l-ayman wa-huwa allaḏī yusammā l-hanʿa* ,,an-nāʿiqān, das sind zwei Sternchen [!] von den Sternen der ǧawzāʾ, und zwar sind sie die beiden hellsten Sterne darin; wie es heißt ist der eine ihr linker Fuß [= β Orionis] und der andere ihre rechte Schulter [= α Orionis], dieser wird al-hanʿa genannt". In dieser Definition ist Altarabisches (eben der Name *an-nāʿiqān* selbst sowie die Beziehung auf *al-ǧawzāʾ*) mit aus der Antike übersetztem Wissenschaftlich-Astronomischem (linker Fuß des Orion = β, rechte Schulter = α Orionis) vermischt, und schließlich im Nachsatz mit *al-hanʿa* hat sich der Grammatiker hoffnungslos verlaufen, denn *al-hanʿa* steht im Tierkreisbild Zwillinge (*al-ǧawzāʾ*) und nicht im ptolemäischen Sternbild Orion (ebenfalls *al-ǧawzāʾ*).

190. *an-nāqa*

Ibn Qutayba 33, 4—9 erwähnt in der Gegend von *al-kaff al-ḫaḍīb* das Bild einer ,,Kamelin" *an-nāqa*, das einige Araber dort annahmen: *wa-n-nāqa ʿalā ḫilqat an-naǧīb aḍ-ḍāmir ad-daqīq al-ʿunq aṣ-ṣaǧīr ar-raʾs* (cf. Ṣūfī 78, 5: . . . *ašbah šayʾ bi-ʿunq an-naǧība aḍ-ḍāmira ad-daqīqat al-ʿunq aṣ-ṣaǧīrat ar-raʾs*) ,,die ‚Kamelin' hat die Form eines schlanken Rassekamels mit dünnem Hals und kleinem Kopf". Ibn Qutaybas Lagebeschreibung der ,,Kamelin" ist freilich zu wenig präzise, als daß man hiernach das Bild rekonstruieren könnte. Mit hinreichender Klarheit ist ihr nur zu entnehmen, daß die Sterne *al-kaff al-ḫaḍīb* als *sanām an-nāqa* ,,der Höcker der Kamelin" gelten. Ṣūfī 77, 23—78, 18 gibt dagegen die Umrisse des Bildes seinerseits so übergenau, daß man gerade dadurch ebenfalls zur Vorsicht gemahnt wird: der ,,Kopf der Kamelin" *raʾs an-nāqa* seien der 7., 8. und 9. Stern des ptolemäischen Bildes Andromeda = $\iota\varkappa\lambda$ Andromedae nebst einem engen Nachbar des 9. = ψ Andromedae; der ,,Halsansatz der Kamelin" *manšaʾ ʿunq an-nāqa* sei der 1. Stern des ptolemäischen Bildes Kassiopeia = ζ Cassiopeiae; der ,,Rücken und Höckeransatz der Kamelin" *ẓahr an-nāqa wa-aṣl sanāmihā* seien der 2., 3. und 4. des ptolemäischen Bildes Kassiopeia = $\alpha\eta\gamma$ Cassiopeiae; das ,,Ende ihres Höckers" *ṭaraf sanāmihā* sei der 12. des ptolemäischen Bildes Kassiopeia = β Cassiopeiae; ,,ihre Kruppe und ihr Schwanzansatz" *kafaluhā wa-aṣl ḏanabihā* sei der 6. der Kassiopeia = ε Cassiopeiae; die ,,Stelle des Brandzeichens auf ihrem [Hinter-]Schenkel" *mawḍiʿ as-sima ʿalā faḫiḏihā* sei der 1. im ptolemäischen Bild Perseus = χ h Persei; und schließlich ihr ,,Vorderbein" *yaduhā* seien der 16. und 17. im ptolemäischen Bild Andromeda = $\varphi\upsilon$ Persei. Im einzelnen, besonders auf Astrolabien, trägt hiernach der helle Stern β Cassiopeiae allein den Namen *sanām an-nāqa* ,,Höcker der Kamelin": Ṣūfī 77, 23 (Yehuda X, 4); cf. o. p. 26.

191. *an-nasaq*

„die Reihe". Nur Ṣūfī 63, 6 (Yehuda VII, 5): *wa-yusammā ayḏan fī baʿḍ ar-riwāyāt at-tāsiʿ ʿašara allaḏī ʿalā kaʿbihī l-aysar an-nasaq mufradan* „in einigen Überlieferungen wird auch der 19., der auf seinem [scil. des ptolemäischen Bildes Herkules] linken Fußknöchel steht [= ι Herculis], allein an-nasaq ‚die Reihe' genannt".

192a. *an-nasaq aš-šaʾāmī*

„die nördliche Reihe". Ibn Qutayba 150, 14 definiert diese nur sehr oberflächlich: *wa-n-nasaqān yabtadiʾāni min qurb al-fakka ... wa-humā yašraʿāni fī l-maǧarra* „die beiden nasaq nehmen in der Nähe von al-fakka ihren Anfang ... und sie reichen bis in die Milchstraße hinein". Ṣūfī 63, 1—6 (Yehuda VII, 6) und 68, 13, dazu noch 102, 5, identifiziert die „nördliche Reihe" genauer mit dem 4., 3., 2., 5., 6., 7., 8., 9., 10. Stern im ptolemäischen Bild Herkules = κγβδλμονξ Herculis und dem 7. und 9. im ptolemäischen Bild Leier = βγ Lyrae sowie dazu noch dem 4. und 3. im ptolemäischen Bild Schlange = βγ Serpentis. Der *Lisān* (Druck Bayrūt 1955—1956) 10, 353a sagt: *wa-n-nasaq kawākib muṣṭaffa ḫalfa ṯ-ṯurayyā* ... Siehe hierzu oben *al-furūd*, nr. 102.

192b. *an-nasaq al-yamānī*

„die südliche Reihe". Diese identifiziert Ṣūfī 102, 6—11 (Yehuda XIII, 5) mit dem 7., 8., 9., 10. Stern im ptolemäischen Bild Schlange = δλαε Serpentis und dem 7. und 8. des ptolemäischen Bildes Schlangenträger = δε Ophiuchi sowie dem 12. der Schlange = υ Ophiuchi und dem 12., 19. und 13. des Schlangenträgers = ηζξ Ophiuchi.

193. *an-nasīq*

Nach Marzūqī 2, 375, 16 gibt es für *an-nasaq* (nr. 192a, b) auch die Form *an-nasīq* (vielleicht metrisch gleichwertig im Deminutiv *an-nusayq* zu lesen).

194a. *an-nasr aṭ-ṭāʾir*

„der fliegende Adler". Ein bekannter altarabischer Gestirnname, Ibn Qutayba 151, auch *Adab al-kātib* 94f.; Ṣūfī 11, 19 (Yehuda XV, 2); cf. Hommel, ZDMG 45 (1891), p. 595 n. 2, der auf möglichen Zusammenhang mit dem heidnisch-arabischen Gottheitsnamen *Nasr* hinweist. Das Gestirn ist mit gleichem Namen[1] bereits aus dem alten Orient her bekannt, auch die Griechen haben in der gleichen Region das Gestirn Ἀετός bewahrt. Der arabische Name bezeichnet die drei in gerader Linie angeordneten Sterne βαγ Aquilae; cf. auch *al-mīzān*, nr. 170.

---

[1] Nach neuester Lesung akk. ^{mul}*erû*^{mušen} (alte Lesung $^{kak.}$*našri*), sumer. ^{mul}*TI₇*^{mušen} (früher ^{mul}*ID*^{ḫu}). — Den Hinweis verdanke ich Herrn Dr. D. O. Edzard, München.

194 b. *an-nasr aṣ-ṣaġīr*

„der kleine Adler". Nach Sulaymān al-Mahrī, *al-ʿUmda al-mahrīya*, Facsim. FERRAND, *Instructions Nautiques* II (Paris 1925), fol. 16r ff., ein anderer Name für das sonst *an-nasr aṭ-ṭāʾir* genannte Gestirn. Der Name erscheint nicht in der klassischen Literatur; cf. unten *an-nasr al-kabīr* (nr. 195 b).

195 a. *an-nasr al-wāqiʿ*

„der stürzende Adler". Der Name steht seit alter Zeit zu dem vorerwähnten in engem Verhältnis. Man versteht darunter $\alpha\varepsilon^{1,2}\zeta^{1,2}$ Lyrae (Ibn Qutayba 151, auch *Adab al-kātib* 94, 11; Ṣūfī 68, 7 [Yehuda VIII, 6]). Man kann beobachten, wie die Araber den ihnen zweifellos nur für die beiden hellen Sterne α Aquilae und α Lyrae überkommenen Namen sich durch Hinzunahme je zweier Nebensterne als „Adler" veranschaulichen.

195 b. *an-nasr al-kabīr*

„der große Adler". Nach Sulaymān al-Mahrī, *al-ʿUmda al-mahrīya*, Facsim. FERRAND, *Instructions Nautiques* II (Paris 1925), fol. 16r ff., ein anderer Name für das sonst *an-nasr al-wāqiʿ* genannte Gestirn. Der Hauptstern von *al-wāqiʿ*, α Lyrae, ist erheblich heller, „größer", als derjenige von *aṭ-ṭāʾir*, α Aquilae, so daß dieser relativ junge, in der klassischen astronomischen Literatur noch nicht auftretende Name leicht zu begründen ist.

196. *an-nāšir* (?)

Abū l-Ḥasan ʿAlī führt in seinen Sternverzeichnissen bei SÉDILLOT, *Traité des Instruments astronomiques des Arabes* I (Paris 1834), p. 191 ff. nr. 152 = p. 140 ff. nr. 105 [= KNOBEL, *The Chronology of Star Catalogues*, Memoirs of the Royal Astron. Soc. XLIII (1875—1877), 64 ff.], einen Stern unter dem Namen „*Al-Nâchir*" [*an-nāšir*] auf, der den Koordinaten gemäß der 31. Stern im ptolemäischen Bild Schiff Argo = λ Velorum sein muß. Der genannte Name ist völlig unbekannt und erscheint sonst in keinem einschlägigen Text. Tīzīnī, der häufig mit Abū l-Ḥasan übereinstimmt, nennt λ Velorum (bei HYDE, Cmt zur Uluġ Bēg-Ausgabe, Oxford 1665, p. 81 bei 222° 20′ RA): *nayyir at-turaysāt* „der helle [Stern] von den Schilden [auf der Bordwand des Schiffes]" in Übereinstimmung mit der ptolemäischen Definition des Sterns, cf. Ṣūfī p. 306 (Tabelle): *allaḏī taḥta ṯ-ṯalāṯa at-turaysāt at-tāliya* „derjenige, der unter den drei nachfolgenden Schilden ist". *an-nāšir* läßt sich direkt also weder aus den Ptolemäusversionen noch unter den arabischen Gestirnnamen nachweisen (cf. auch unten nr. 273 die mit *suhayl* zusammengesetzten Namen, für die Ṣūfī als Träger u. a. auch λ Velorum nennt) und muß zunächst ungedeutet bleiben.

197. *an-naṭḥ*

„das Stoßen [mit dem Horn]“. Ibn Qutayba 17, 8; Abū Ḥanīfa bei Ibn Sīda, *Muḫaṣṣaṣ* 9, 10 = Marzūqī 1, 187: ein anderer Name für die beiden sonst *aš-šaraṭān* (nr. 286) genannten Sterne, die die 1. Mondstation bilden und die nach arabischer Anschauung *qarnā l-ḥamal* „die Hörner des Widders“ (nr. 220) darstellen. Dagegen Ṣūfī 142, 11 und 16 (Yehuda XXI, 4): ein anderer Name für die drei sonst *al-ašrāṭ* (nr. 16) genannten Sterne.

198. *an-nāṭiḥ*

„der [mit dem Horn] Stoßende“. Nur bei Ṣūfī 142, 16 (Yehuda XXI, 3): ein Name für einen Stern, den er mit dem 1. externen im ptolemäischen Bild Widder = α Arietis identifiziert.

199. *an-nāṭiḥ*

„der [mit dem Horn] Stoßende“. Ibn Qutayba 17, 8; Abū Ḥanīfa bei Ibn Sīda, *Muḫaṣṣaṣ* 9, 10: ein anderer Name für die beiden sonst *aš-šaraṭān* (nr. 286) genannten Sterne, die die 1. Mondstation bilden, vielleicht auch im Deminutiv *an-nuṭayḥ* zu lesen.

200. *an-naṭīḥ*

Ibn Qutayba 17, 9: ein anderer Name für die beiden *aš-šaraṭān* (nr. 286) genannten Sterne, die die 1. Mondstation bilden.

201. *an-naṯra*

„die Nasenspitze [des Löwen]“. Mondstation 8. Ibn Qutayba 54, 11: *wa-hiya ṯalāṯat kawākib mutaqāriba aḥaduhā ka-annahū laṭḫa* „das sind drei dicht beieinander stehende Sterne, einer davon ist wie ein Nebelfleck“; dagegen Ṣūfī 173, 6 (Yehuda XXIV, 7) betrachtet nur den nebligen Stern, ε Cancri, als *an-naṯra* und bezeichnet die beiden dahinter stehenden Sterne $\gamma\delta$ Cancri für sich als *al-minḫarān* (nr. 161a); für die drei Sterne zusammen gibt er den Namen *fam al-asad* (nr. 86).

202a. *an-naẓm*

„die Reihe“. Ibn Qutayba 45, 12 (bei den unter Mondstation 6 mitbehandelten Sternen); Ṣūfī 269, 8: ein anderer Name für die drei *an-niẓām* (nr. 207) genannten Sterne.

202b. *naẓm al-ǧawzāʾ*

„die Reihe der ǧawzāʾ“. Nur Ṣūfī 269, 9 gibt den vorangehend behandelten Namen auch in dieser erweiterten Form.

203. *an-nihāl*

„die ihren Durst stillenden [Kamele]“. Ṣūfī 283, 14: *wa-qara'tu fī baʿḏ kutub al-anwā' annahā tusammā n-nihāl* „in einigen anwā'-Büchern las ich, daß sie [scil. die vier sonst *kursī al-ǧawzā'* (*al-mu'aḫḫar*), nr. 148a, b, genannten Sterne] an-nihāl genannt werden“. Bei Marzūqī 2, 379, 18 erscheint der Name in der gleichbedeutenden Form *an-nuhul*.

204. *niṭāq al-ǧawzā'*

„der Gürtel der ǧawzā'“. Ibn Qutayba 45, 12 (bei den unter Mondstation 6 mitbehandelten Sternen): ein Name für die drei hellen hintereinanderstehenden Gürtelsterne des Orion, d.h. den 26., 27. und 28. im ptolemäischen Bild Orion = $\delta \varepsilon \zeta$ Orionis.

205. *an-niyāṭ*

„die Schlagadern“. Ibn Qutayba 70, 8 (unter Mondstation 18): *al-qalb... wa-huwa l-kawkab al-aḥmar warā'a l-iklīl bayna kawkabayn yuqālu lahumā n-niyāṭ* „al-qalb ... das ist der rote Stern [α Scorpionis] hinter al-iklīl [= $\beta \delta \pi$ Scorpionis] zwischen zwei Sternen, die an-niyāṭ genannt werden“; Ṣūfī 209, 10 (Yehuda XXVIII, 5) identifiziert *an-niyāṭ* genauer mit dem 7. und 9. Stern im ptolemäischen Bild Skorpion = $\sigma \tau$ Scorpionis.

206. *an-niẓām*

Ṣūfī 261, 5—7: *wa-ra'aytu ʿalā baʿḏ al-kurāt ʿalā l-arbaʿa allatī fī aṣl aḏ-ḏanab wa-hiya min as-sābiʿ ʿašara ilā l-ʿišrīn an-niẓām wa-lam aǧid ḏālika fī šay' min al-kutub* „ich sah auf einigen [Himmels-]Globen über die vier [Sterne], die auf dem Schwanzansatz [des ptolemäischen Bildes Cetus = Walfisch] stehen, d.h. den siebzehnten bis zwanzigsten [Stern = φ^2; 0,198; φ^1; 0,161 Ceti], [geschrieben] an-niẓām, aber in Büchern habe ich das nirgends gefunden“. Es ist außerhalb jeden Zweifels, daß dieser Name, über den sich Ṣūfī selbst wundert, in Wirklichkeit *an-naʿām* heißen und die fünf helleren Sterne $\tau \upsilon \zeta \vartheta \eta$ Ceti bezeichnen sollte (cf. *an-naʿām*, nr. 181, und *an-naʿāmāt*, nr. 184). Die Handwerker haben bei der Beschriftung der Globen und Astrolabien häufig ähnliche Schreibfehler gemacht, wie eben hier *an-niẓām* statt *an-naʿām*.

207. *an-niẓām*

„die Reihe, [Perlen-]Schnur“. Nur Ṣūfī 269, 8 (Yehuda XXXIV, 10): ein anderer Name für die drei sonst *niṭāq al-ǧawzā'* (nr. 204) genannten Sterne.

208. *nuʿayš*

„der kleine naʿš“. Ibn Qutayba 148, 3; Ṣūfī 32, 12 (Yehuda II, 14): ein anderer Name für den kleinen sonst *as-suhā* (nr. 271) genannten Stern.

209. *nuǧūm aṯ-ṯurayyā*

„die Sterne der ṯurayyā“. Nur Ṣūfī 153, 16: neben *an-naǧm* (nr. 186) ein anderer Name für die als *aṯ-ṯurayyā* (nr. 306) bekannten Plejaden.

210. *qadamā suhayl*

„die Füße des suhayl“. Ein astronomisch nicht näher definiertes Gebilde, das „unter dem suhayl [= α Carinae]“ sein soll; siehe oben *al-aʿyār*, nr. 23.

211 a. *al-qafazāt*

„die Sprünge“. Ibn Qutayba 66, 7; 67, 1; Marzūqī 2, 374, 19: ein kürzerer Name für die *qafazāt aẓ-ẓibā'* genannten Sterne (bei Ibn Qutayba 67, 1 in *an-nafazāt* „die Galoppsprünge [der Gazellen]“ verschrieben; bei Marzūqī neben dem richtigen *al-qafazāt* auch falsch *al-fiqarāt*).

211 b. *qafazāt aẓ-ẓibā'*

„die Sprünge der Gazellen“. Ibn Qutayba 66, 7 (bei den unter Mondstation 14 mitbehandelten Sternen): *wa-hiya arbaʿat kawākib iḏā rtafaʿat banāt naʿš kānat taḥtahā iṯnān bayyinān wa-ṯnān ḫafiyān* „das sind vier Sterne, die unterhalb banāt naʿš [= εζη Ursae Maioris] stehen, wenn diese kulminieren, zwei von ihnen sind hell und zwei schwach“. Anders faßt Ṣūfī 32, 17 unter der Bezeichnung *qafazāt aẓ-ẓaby* „die Sprünge der Gazelle“ drei Sternpaare zusammen, die er mit dem 12. und 13. Stern im ptolemäischen Bild Großer Bär = ικ Ursae Maioris, dem 20. und 21. = λμ Ursae Maioris und dem 23. und 24. = νξ Ursae Maioris identifiziert. Mit ihm stimmt Marzūqī 2, 374, 17 überein, der sagt: *wa-naġazāt* [sic statt *qafazāt*] *aẓ-ẓibā' ṯalāṯ kull naġza* [sic statt *qafza*] *minhā kawkabān mutaqāribān ka-aṯar ẓilfay aẓ-ẓaby* „die [Galopp-]Sprünge der Gazellen sind drei, jeder [Galopp-]Sprung besteht aus zwei beieinander stehenden Sternen, wie die Spur der beiden Gazellenhufe“.

211 c. *qafazāt al-ġizlān*

„die Sprünge der Gazellen“. In einigen Ṣūfī-Exemplaren muß der vorangehend behandelte Name in dieser Form (*al-ġizlān* statt *aẓ-ẓibā'*) überliefert gewesen sein, wie man aus Yehuda II, 15: cafzez alguezlen entnehmen kann.

212 a. *al-qafza al-ūlā*

Im Rahmen des vorangehend beschriebenen Gruppennamens ist das Sternpaar νξ Ursae Maioris, d.h. der 23. und 24. Stern im ptolemäischen Bild Großer Bär, der „erste Sprung“ (Ṣūfī 32, 18; 33, 1; Fig. 2).

212b. *al-qafza aṯ-ṯāniya*

Das Sternpaar $\lambda\mu$ Ursae Maioris, d.h. der 20. und 21. Stern im ptolemäischen Bild Großer Bär, ist im Rahmen der genannten Gruppe der ,,zweite Sprung".

212c. *al-qafza aṯ-ṯāliṯa*

Das Sternpaar $\iota\varkappa$ Ursae Maioris, d.h. der 12. und 13. Stern im ptolemäischen Bild Großer Bär, ist im Rahmen der genannten Gruppe der ,,dritte Sprung".

213. *al-qā'id*

,,der Anführer (?)". Ibn Qutayba 147, 14; Ṣūfī 32, 9 (Yehuda II, 16): ein Name für den Stern am Schwanzende des Großen Bären, d.h. den ersten der drei *banāt naʿš* = η Ursae Maioris. Bedeutung und Auffassung des Namens sind unklar; das ,,Anführen" kann sich vielleicht auf die *banāt naʿš* und den Trauerzug beziehen, denn in der östlichen Hälfte der täglichen Himmelsdrehung geht η Ursae Maioris als erster vor der Gesellschaft her.

214. *al-qalā'iṣ*

,,die Kameljungen". Nach Farġānī, Kapitel 20 und Yehuda XXII, 6 (alcalayç) eine andere Form des sonst, auch bei Ṣūfī 154, 5, als *al-qilāṣ* (nr. 230) bekannten Namens der Hyaden im ptolemäischen Sternbild Stier.

215. *al-qalā'iṣ*

,,die Kameljungen". Nur Ṣūfī 220, 11 (Yehuda XXIX, 9): eīn anderer Name für die *al-qilāda* (nr. 229) genannten Sterne.

216a. *al-qalb*

,,das Herz [des Skorpions]". Mondstation 18. Ibn Qutayba 70, 7 (cf. seine Definition oben nr. 205 unter *an-niyāṭ*); Ṣūfī 209, 10: der arabische Name für den roten Stern α Scorpionis.

216b. *qalb al-ʿaqrab*

,,das Herz des Skorpions". Der vorangehend behandelte Name wird auch in dieser vollständigeren Form gegeben: Ibn Qutayba 70, 7; auch *Adab al-kātib* 96, 3; Ṣūfī 212 (Tabelle, beim 8. ptolemäischen Stern = α Scorpionis; Yehuda XXVIII, 6).

217. *qalb al-ḥūt*

,,das Herz des Fisches". Ibn Qutayba 87, 2 (unter Mondstation 28): ein anderer Name für den *baṭn al-ḥūt* (nr. 64a) genannten Stern.

218. *al-qarāʾin*

„die eng beieinander [Stehenden]“. Ibn Qutayba 66, 7 (unter Mondstation 14); Ṣūfī 33, 3 (Yehuda II, 17): ein anderer Name für die *qafazāt aẓ-ẓibāʾ* (nr. 211 b) genannten Sterne; siehe jedoch unten nr. 223, *al-qawāfiz*.

219. *kawkabā l-qarn*

„die beiden Sterne des Horns“. Ibn Qutayba 149, 2: . . . *wa-humā ḥiyāla l-ǧudayy mimmā yalī l-mašriq iḏā kāna l-ǧudayy yalī l-ufq* „. . . sie sind gegenüber dem Polarstern, nach Osten hin, wenn der Polarstern in Horizontnähe ist“; Ṣūfī fand den Namen in einigen Quellen so, in anderen als *kawkabā l-frq* (nr. 100), und erklärt 46, 18 die Lesung *al-qarn* „Horn“ für falsch: . . . *fa-ṣaḥḥafū l-frq wa-ǧaʿalūhu qarnan wa-ḏālika ġalaṭ minhum* „. . . so verlasen sie al-frq und machten daraus qarn, aber das ist ein Fehler von ihnen“.

220. *qarnā l-ḥamal*

„die Hörner des Widders“. Nur Ibn Qutayba 17, 8: *yuqālu innahumā qarnā l-ḥamal* „es heißt, die beiden [scil. *aš-šaraṭān*, nr. 286] seien die Hörner des Widders“. Farġānī, Kapitel 20, hatte statt dessen: *fī raʾs al-ḥamal* „. . . auf dem Kopf des Widders“.

221 a. *qaṣʿat al-masākīn*

„die Schüssel der Armen“. Ibn Qutayba 66, 3 (bei den unter Mondstation 14 mitbehandelten Sternen); 150, 12: ein anderer Name für die sonst *al-fakka* (nr. 85) genannten Sterne; genauer *Adab al-kātib* 94, 7: *wa-l-ʿāmma tusammīhā qaṣʿat al-masākīn* „die Menge nennt sie [scil. *al-fakka*] qaṣʿat al-masākīn“; so auch Ṣūfī 57, 4 (Yehuda V, 6).

221 b. *qaṣʿat al-yatāmā*

„die Schüssel der Waisen“. Bīrūnī, *Tafhīm* § 160, bietet den vorangehend behandelten Namen in dieser abgeänderten Form.

222. *al-qaṭā*

„die [Vögel namens] qaṭā“. Ibn Qutayba 74, 2 (bei den unter Mondstation 19 mitbehandelten Sternen): *wa-l-qaṭā fawqa l-makākī wa-hiya kawākib mutaqāṭira ka-taqāṭur al-qaṭā fī ṭayarānihā ġayr nayyira akṯaruhā kawkabān kawkabān* „die qaṭā sind oberhalb der makākī [nr. 155], es sind häufchenweis angeordnete nicht helle Sterne, wie die Ordnung der qaṭā in ihrem Flug, meistens paarweise“. Auch Marzūqī 2, 383, 13 bespricht diese Sterne: *qāla wa-hunālika l-qaṭā wa-hiya kawākib mutaqāṭira ka-taqāṭur al-qaṭā wa-hiya kawākib ġayr nayyira illā kawkabān* „er [scil. Abū Ḥanīfa] sagt: dort [scil. in der Nähe von *aṣ-ṣuradān* (nr. 218) und *al-yamāmatān* (nr. 319)] sind auch die qaṭā, das sind häufchenweis angeordnete Sterne wie die [Flug-]Ordnung der qaṭā, es sind bis auf zwei nicht helle Sterne". Nach Ibn Qutaybas genauerer Definition müßte es sich etwa um die Sterne der modernen Bilder Microscopium und Grus (außer *αβ* Gruis, diese siehe unten *al-yamāmatān*, nr. 319) handeln, wozu auch die weniger präzise Beschreibung bei Marzūqī paßt. Ṣūfī hat diesen Namen nicht.

223. *al-qawāfiz*

„die [schnell Davon-]Springenden". Bei Marzūqī 2, 374, 19 eine Nebenform des sonst *qafazāt aẓ-ẓibā'* (nr. 211 b) lautenden Namens (im Text a.a.O. Druckfehler: *an-nawāfiz*). Dieser Name sowie *al-qarā'in* (oben nr. 218) scheinen Varianten eines Namens zu sein, der offenbar bei Marzūqī in der richtigen Überlieferung, als metrisch erzwungene Nebenform zu *qafazāt aẓ-ẓibā'*, erhalten ist; die andere Überlieferung *al-qarā'in* dagegen dürfte ein früher taṣḥīf sein, der graphisch leicht zu erklären ist. Auch andere Namen sind bei Marzūqī besser überliefert (cf. nr. 319).

224. *al-qaws*

„der Bogen". Ibn Qutayba 75, 8: . . . *al-qilāda . . . tušabbahu bi-l-qaws wa-yusammīhā qawm al-qaws* „al-qilāda . . . sie werden mit einem Bogen verglichen, und [einige] Leute nennen sie al-qaws ‚der Bogen'"; Marzūqī 1, 194: *wa-yusammīhi l-ʿāmma al-qaws* „die Menge nennt ihn al-qaws". Hier wird also *al-qaws* regelrecht als Eigenname für die sonst *al-qilāda* (nr. 229) genannten Sterne aufgeführt. Ṣūfī 220, 11—13 (Yehuda XXIX, 8) dagegen schreibt lediglich: *wa-hāḏihī s-sitta al-muqawwasa hiya allatī qaddara Abū Ḥanīfa anna hāḏā l-burǧ summiya l-qaws bihā li-annahā tušbihu l-qaws* „diese sechs bogenförmig angeordneten Sterne [scil. von *al-qilāda*] sind es, deretwegen nach Abū Ḥanīfas Urteil dieses Tierkreisbild [scil. Schütze] al-qaws ‚der Bogen' genannt wurde, denn sie gleichen einem Bogen" (bekanntlich ist *al-qaws* der Name des Tierkreisbildes Schütze in der arabischen Überlieferung, woneben später *ar-rāmī* „der Schütze" als Übersetzung des griechisch-ptolemäischen *Τοξότης* tritt).

225. *qaws al-ǧawzā'*

„der Bogen der ǧawzā'". Ibn Qutayba 42, 6—8 (unter Mondstation 6): *qāla Adham b. ʿImrān al-ʿAbdī: al-hanʿa qaws al-ǧawzā' tarmī bihā ḏirāʿ al-asad wa-hiya ṯamāniyat anǧum fī ṣūrat qaws fa-fī miqbaḍ al-qaws an-naǧmān allaḏān yuqālu lahumā l-hanʿa* „Adham b. ʿImrān al-ʿAbdī sagt: ‚al-hanʿa ist der „Bogen der ǧawzā'", mit dem sie auf die Vorderpfote des Löwen schießt'; das sind acht Sterne in Form eines Bogens, und an der Griffstelle des Bogens sind die beiden al-hanʿa genannten Sterne". Das gleiche Gestirn beschreibt fast gleichlautend Ṣūfī 167, 7—13, indem er die acht Sterne mit drei geradlinig angeordneten Sternen fünfter Größe unter dem 18. im ptolemäischen Bild Zwillinge = ξ Geminorum, die Ptolemäus nicht beschrieben hat (das sind S, Fl. 13, ε Monocerotis), sowie dem 14., 15., 16., 17. und 18. im ptolemäischen Bild Zwillinge = $\eta\mu\nu\gamma\xi$ Geminorum identifiziert.

226. *qaws al-quṭb*

„der Bogen des Pols". Bei Ibn Qutayba 122, 11 ein anderer Name für die *fa's al-quṭb* (nr. 97 a) genannten Sterne.

227. *al-qayḍ*

„die Eierschalen". Nur Ṣūfī 227, 20 (Yehuda XXXV, 7): ein weiterer Name, gemeinsam mit *al-bayḍ* (nr. 65), für die um das Straußennest (*udḥī an-naʿām*, in Eridanus und Cetus, nr. 308) herum stehenden Sterne.

228. *al-qidr*

„der Kochtopf". Ṣūfī 47, 6—10 (Yehuda IV, 5): zwischen *kawkabā l-frq* = $\beta\alpha$ Cephei und den drei Sternen auf dem Ende des rechten Flügels des ptolemäischen Bildes Schwan = $\vartheta\iota\varkappa$ Cygni sowie dem länglichen Viereck auf dem Körper des ptolemäischen Bildes Drache = $\pi\delta\varepsilon\varrho$ Draconis und dem Schwanz des Schwans = α Cygni sei ein weiter Kreis aus schwachen Sternen, zu denen auch der 5. und 6. des ptolemäischen Bildes Kepheus = $\eta\vartheta$ Cephei gehören; diesen Kreis nennen die Araber *al-qidr*.

229. *al-qilāda*

„die Halskette". Ibn Qutayba 75, 7 (unter Mondstation 21): *wa-hiya sittat kawākib mustadīra ṣiġār ḫafiya tušabbahu bi-l-qaws* . . . „das sind sechs kleine schwache kreisförmig angeordnete Sterne, die mit einem Bogen zu vergleichen sind . . ."; Ṣūfī 220, 8—10 (Yehuda XXIX, 10) identifiziert sie mit dem 9., 10., 11., 12., 13. und 14. Stern im ptolemäischen Bild Schütze = $\xi^2 o \pi d \varrho \upsilon$ Sagittarii.

230. *al-qilāṣ*

„die Kameljungen". Ibn Qutayba 40, 6 (unter Mondstation 4): *bayna yaday ad-dabarān kawākib kaṯīra muǧtamiʿa . . . wa-yuqālu li-l-bawāqī hiya qilāṣuhū* „vor ad-dabarān [= α Tauri] sind viele Sterne versammelt . . . [darunter zwei, *al-kalbān*, nr. 144] . . . und zu den übrigen sagt man, es seien seine qilāṣ ‚jungen Kamele'"; ähnlich auch Abū Ḥanīfa bei Ibn Sīda, *Muḫaṣṣaṣ* 9, 10 = Marzūqī 1, 188; auch Ṣūfī 154, 5 nur allgemein: *wa-yusammā llatī ḥawālayhi min al-kawākib al-qilāṣ wa-hiya ṣiġār an-nūq* „und was an Sternen um ihn [scil. *ad-dabarān*, α Tauri] herum steht, wird al-qilāṣ genannt, d.h. die Jungen der Kamelinnen". Es dürfte sich hier vornehmlich um die bei Griechen und später im Abendland weiterhin Hyaden genannten Sterne handeln.

231. *al-qubba*

„das Zelt". Ibn Qutayba 73, 8 (bei den unter Mondstation 19 mitbehandelten Sternen): *wa-hiya asfal min šawlat al-ʿaqrab* [= λυ bzw. G Scorpionis]". Ṣūfī 244, 1ff. tadelt die Definition dieser Überlieferung, da die rund angeordneten Sterne, um die es sich hier handeln muß, nämlich die Sterne des ptolemäischen Bildes Südliche Krone = Corona Austrina, nicht unterhalb *šawlat al-ʿaqrab* stehen.

232. *qunb al-asad*

Ibn Qutayba 59, 10 (bei *aṣ-ṣarfa*, Mondstation 12, β Leonis): *wa-yaḏkurūna annahū qunb al-asad wa-l-qunb wiʿāʾ al-qaḍīb* „man bemerkt auch, er [scil. β Leonis] sei der qunb des Löwen, und der qunb ist die Hülle der Rute"; ähnlich Ṣūfī 181, 14 (Yehuda XXV, 10): *wa-yusammā s-sābiʿ wa-l-ʿišrūn allaḏī ʿalā ḏ-ḏanab qunb al-asad wa-huwa wiʿāʾ qaḍībihī* „und der 27. [Stern im ptolemäischen Bild Löwe = β Leonis], der auf dem Schwanz steht, wird der qunb des Löwen genannt, d. h. die Hülle seiner Rute".

233. *al-qurḥa*

„die Blässe [auf der Stirn eines Pferdes etc.]". Ibn Qutayba 149, 3: *wa-l-qurḥa kawkab asfal min kawkabay al-qarn ka-mawḍiʿ qurḥat ad-dābba bayna l-uḏunayn* „al-qurḥa ist ein Stern unterhalb der beiden Sterne al-qarn [= βα Cephei], wie die Stelle der Blässe des Reittiers zwischen den Ohren"; zu Ṣūfī, der diesen Stern mit dem 7. im ptolemäischen Bild Kepheus = ξ Cephei identifiziert, sowie den häufigen Verlesungen des Namens cf. *Sternnamen* p. 172f. nr. 116. *al-qurḥa* steht ferner auch bei Marzūqī 2, 374, 11.

234. *al-qaʿūd* (?)

Ein leider nicht zuverlässig überlieferter Name für vier Sterne hinter *an-nasr aṭ-ṭāʾir* = α Aquilae, die Ṣūfī mit dem 4., 5., 6. und 7. im ptolemäischen Bild Delphin = βαδγ Delphini identifiziert. Ṣūfī 116, 16 gibt den Namen in der Form *al-qʿwd* (Apparat ms Vatikan: *al-ʿmwd*), ed. SCHJELLERUP: *al-ʿqwd*; Ibn Qutayba 152, 1: *al-ʿqwd*; Marzūqī 2, 376, 11: *al-qʿwd*. Ibn Qutaybas Herausgeber PELLAT, a.a.O. n. 1, will unter Berufung auf *Qāmūs* s. v. *qʿd al-qʿwd* für das richtigere halten. Das müßte *al-qaʿūd* „das junge Kamel" (sic, Singular) gelesen werden. Man möchte hinter dem Namen jener vier Sterne viel eher eine Pluralform (offensichtlich eines Typus *fuʿūl*) erblicken, was besser mit der üblichen arabischen Astrothesie übereinstimmen würde (cf. alle anderen Kamelgestirne, in denen stets ein Stern ein Tier repräsentiert, d.h. sind mehrere Sterne da, so bedeuten sie mehrere Tiere; vier Sterne würden also vier Kamele darstellen, was aber das Wort *al-qaʿūd* nicht ausdrückt).

235. *ar-rāʿī*

„der Hirt". Ibn Qutayba 149, 11: *wa-r-rāʿī anwar min kawākib aš-šāʾ baynahā* „und ar-rāʿī ‚der Hirt' ist heller als die Sterne aš-šāʾ ‚die Schafe' und steht mitten in ihnen"; Ṣūfī 47, 12 (Yehuda IV, 6) identifiziert *ar-rāʿī* mit dem 2. Stern im ptolemäischen Bild Kepheus = γ Cephei.

236. *ar-rāʿī*

„der Hirt". Ibn Qutayba 150, 16: *wa-fī wasaṭ an-nasaqayn kawkab yuqālu lahū r-rāʿī* „in der Mitte zwischen den beiden nasaq [nr. 192a, b] ist ein Stern namens ar-rāʿī ‚der Hirt'"; Ṣūfī 102, 18 (Yehuda XIII, 7) identifiziert diesen Hirten mit dem Stern auf dem Kopf des ptolemäischen Bildes Schlangenträger, d. h. dem 1. des Bildes = α Ophiuchi. Zu einer unklaren Erwähnung des gleichen Namens im *Lisān* siehe oben *kalb ar-rāʿī*, nr. 143.

237. *rāʿī al-ǧawzāʾ*

„der Hirt der ǧawzāʾ". Nur Ṣūfī 269, 13: ein anderer Name für den sonst *riǧl al-ǧawzāʾ* (nr. 251a) genannten hellen Stern auf dem linken Fuß des Orion, β Orionis. Yehuda XXXIV, 11 gibt den Namen als array wieder, woraus zu schließen ist, daß er ihn in seinem Ṣūfī-Text in der verkürzten Form *ar-rāʿī* vorgefunden hatte.

238a. *ar-rāʿī*

„der Hirt". Abū l-Ḥasan ʿAlī führt in seinen Sternverzeichnissen bei Sédillot, *Traité des Instruments astronomiques des Arabes* I (Paris 1834), p. 191ff. nr. 107 = p. 140ff. nr. 181 [= Knobel, *The Chronology of Star Catalogues*, Memoirs of the Royal Astron. Soc. XLIII (1875—1877), 64ff.], einen Stern unter dem Namen „*Al-Râïe*, le Pasteur" (d.h. *ar-rāʿī*) auf, der den Koordinaten gemäß der 4. Stern im ptolemäischen Bild Schütze = λ Sagittarii ist. In der klassischen astronomischen Literatur begegnet dieser Name nicht.

238b. *rāʿī an-naʿāʾim*

„der Hirt der Strauße (oder: des Weideviehs)". Später führt Tīzīnī den gleichen Stern unter diesem erweiterten Namen auf (letzter Stern seines Kataloges, ediert von Hyde im Cmt zur Uluġ Bēg-Ausgabe, Oxford 1665, p. 87); offenbar hat er dabei *an-naʿāʾim* nicht mehr in der klassischen Auffassung als „Strauße" gesehen (cf. *an-naʿām aṣ-ṣādir/al-wārid*, nr. 182, 183), die schwerlich von einem „Hirten" zur Tränke gebracht werden könnten, sondern als „Weidevieh". Der Name in dieser volleren Form steht auch bei Sulaymān al-Mahrī, Facsim. Ferrand, *Instructions Nautiques* II (Paris 1925), fol. 159v, 6. Lane führt den Namen ebenfalls an; er stammt dort (über Freytag) aus Ideler, der ihn endlich aus der genannten Stelle in Tīzīnīs Katalog entnommen hatte.

ar-rāmiḥ siehe *as-simāk ar-rāmiḥ*, nr. 270.

239. *raqīb aṯ-ṯurayyā*

„der Wächter der Plejaden". Nur Ṣūfī 92, 1 (Yehuda XII, 10): ein anderer Name für den sonst *al-ʿayyūq* (nr. 47) genannten Stern.

240. *ar-rāqiṣ*

„das trabende [Kamel]". Nur Ṣūfī 41, 9 (Yehuda III, 11): der Name eines Sterns, den er mit dem 1. im ptolemäischen Bild Drache = μ Draconis identifiziert.

241. *raʾs al-ǧawzāʾ*

„der Kopf der ǧawzāʾ". Die drei Sterne von *al-haqʿa* (nr. 115a) gelten als „Kopf der ǧawzāʾ": Ibn Qutayba 41, 6 (unter Mondstation 5); 45, 8 (bei den unter Mondstation 6 mitbehandelten Sternen); Farġānī, Kapitel 20.

242. *raʾs al-ḥamal*

siehe *qarnā l-ḥamal*, nr. 220.

243. *ar-rawḍa*

„die Weide". Ibn Qutayba 150, 17: *wa-yuqālu li-mā bayna n-nasaqayn ar-rawḍa* „man nennt das, was zwischen den beiden nasaq [nr. 192a, b] ist, ar-rawḍa ‚die Weide'"; ähnlich Ṣūfī 102, 16 (Yehuda XIII, 9): *wa-yusammā l-buqʿa / al-qiṭʿa min as-samāʾ allatī bayna n-nasaqayn ar-rawḍa* „die Gegend / das Stück des Himmels, die / das zwischen den beiden nasaq ist, wird ar-rawḍa genannt".

244. *rāyat al-fakka*

„die Standarte der fakka". Nur Ṣūfī 52, 15: ein anderer Name für den *tābiʿ as-simāk* (nr. 294) genannten Stern.

245. *rāyat as-simāk*

„die Standarte des simāk". Ibn Qutayba 62, 4 (unter Mondstation 14): *wa-summiya rāmiḥan li-kawkab bayna yadayhi ṣaġīr yuqālu lahū rāyat as-simāk* „er [scil. *as-simāk ar-rāmiḥ*] wurde rāmiḥ ‚lanzenbewaffnet' genannt wegen eines kleinen Sterns vor ihm, der rāyat as-simāk heißt". Nach Ṣūfī 52, 14 (Text schlecht *rāyat aš-šamāl*) ein anderer Name für den *tābiʿ as-simāk* (nr. 294) genannten Stern.

246. *ar-riʾāl*

„die Straußenkücken". Ibn Qutayba 73, 15 (bei den unter Mondstation 19 mitbehandelten Sternen): *kawākib mudarraǧa* „abgestufte, abfallende

Sterne“ zwischen den beiden *ẓalīm*, α Piscis Austrini (nr. 324) und ϑ Eridani (nr. 325); so auch Ṣūfī 277, 21ff. (Yehuda XXXV, 8); 278, 2—8: all die kleinen Sterne vierter bis sechster Größe in dem von α Phoenicis, α Piscis Austrini und β Ceti umschriebenen Dreieck gehören ebenfalls zu *ar-riʾāl*. Bei Marzūqī 2, 383, 16 ist der Name in *ar-rāl* verschrieben.

247. *ar-ribq*

„die Schlinge“. Ibn Qutayba 81, 9 (bei den unter Mondstation 25 mitbehandelten Sternen): *wa-taḥtahū kawākib ṣiġār mustadīra tusammā r-ribq* „unter ihm [scil. *saʿd al-bahāʾim*, ϑν Pegasi] sind kreisförmig angeordnete kleine Sterne, die ar-ribq genannt werden“; ähnlich auch Marzūqī 2, 383, 1. Nach Ṣūfīs Identifizierung (p. 250, 11) handelt es sich um den 8. bis 19. Stern im ptolemäischen Bild Fische = ω, d, 51, δ, ε, ζ, e², f, μ, ν, ξ, α Piscium; der Name ist hier in *al-zyq* verdorben, ms Āṣafīya-Ḥaydarābād dafür *al-rtq*. In früher Zeit ist das leicht entstellbare Wort zweifellos *ar-ribq* gelesen worden (cf. Abū Ḥanīfas Glosse dazu bei Marzūqī a.a.O.).

248. *ar-ridf*

„der [auf demselben Pferd hinter dem Reiter] Mitreitende“. Ibn Qutayba 151, 12: *wa-ḫalfahā fī l-maǧarra bi-l-qurb minhā kawkab* ... „und dicht hinter ihnen [scil. *al-fawāris*, δγεζ Cygni], in der Milchstraße ist ein Stern ...“; Ṣūfī 73, 11 (Yehuda IX, 5) identifiziert *ar-ridf* mit dem hellen Stern auf dem Schwanz des ptolemäischen Bildes Schwan = α Cygni.

249. *ar-radīf*

Nach *Lisān* (Druck Bayrūt 1955—1956) 9, 116a ein anderer Name für den *ar-ridf* (nr. 248) genannten Stern, vielleicht auch im Deminutiv *ar-rudayf* zu lesen.

250. *riǧl al-ʿayyūq*

„der Fuß von al-ʿayyūq“. Ibn Qutayba 37, 3 (bei den unter Mondstation 3 mitbehandelten Sternen) = *Adab al-kātib* 95, 8: *wa-asfal al-ʿayyūq naǧm yuqālu lahū riǧl al-ʿayyūq* „und unterhalb von al-ʿayyūq [= α Aurigae] ist ein Stern namens ‚Fuß von al-ʿayyūq‘“; ähnlich Marzūqī 2, 377, 14: *wa-yuqālu li-llaḏī taḥtahū riǧl al-ʿayyūq* „und denjenigen, der unter ihm [scil. *al-ʿayyūq*] steht, nennt man ‚Fuß von al-ʿayyūq‘“. Bei Ṣūfī erscheint der Name nicht. Die Definition bezieht sich auf ι Aurigae (cf. oben *al-aʿlām*, nr. 8).

251a. *riǧl al-ǧawzāʾ*

„der Fuß der ǧawzāʾ“. Dies war der arabische Name des hellen Sterns auf dem Fuß des Orion, β Orionis (Ṣūfī 269, 12 [Yehuda XXXIV, 12]), der völlig mit der ptolemäischen Bezeichnung übereinstimmt.

251 b. *riǧlā l-ǧawzā'*

„die beiden Füße der ǧawzā'". Ibn Qutayba 45, 15 (bei den unter Mondstation 6 mitbehandelten Sternen) gibt den Namen im Dual und bezieht ihn auf $\beta\varkappa$ Orionis gemeinsam: *wa-riǧlā l-ǧawzā' bi-ḥiyāli yadayhā kawkabān nūruhumā naḥwa l-yadayn* „die ‚Füße der ǧawzā'' sind gegenüber ihren ‚Händen' [= $\alpha\gamma$ Orionis], zwei Sterne, deren Helligkeit etwa der der ‚Hände' gleichkommt".

252. *ar-rišā'*

„das Seil". Ibn Qutayba 85, 2; Ṣūfī 128, 18 (Yehuda XIX, 6): ein anderer Name für den *baṭn al-ḥūt* (nr. 64 a) genannten Stern. Zur Bedeutung des Namens cf. *Sternnamen* p. 35, nr. 47 n. 1.

253. *ar-ruba'*

„das Kameljunge". Ibn Qutayba 148, 15: *wa-fī l-wasaṭ minhā naǧm šabīh bi-l-laṯḫa* ... „in ihrer [scil. der *'awā'iḏ*, $\nu\beta\xi\gamma$ Draconis] Mitte ist ein kleiner nebelähnlicher Stern ..."; besser definiert ihn Ṣūfī 41, 10 (Yehuda III, 12): *wa-fī wasaṭ al-'awā'iḏ* [Text falsch: *al-'awwā'*; cf. *Tāǧ*, oben p. 12 n. 2] *kawkab ṣaġīr ǧiddan* ... „in der Mitte der 'awā'iḏ ist ein sehr kleiner Stern ..."; näher identifizieren kann er ihn nicht, da jener winzige Stern nicht von Ptolemäus beschrieben ist. Schjellerup p. 57 setzt *ar-ruba'* gleich mit Lal. 32566.

254. *ar-rumḥ*

„die Lanze". Ibn Qutayba, *Adab al-kātib* 94, 8: *wa-summiya rāmiḥan bi-kawkab yaqdumuhū yaqūlūna huwa rumḥuhū* „er [scil. *as-simāk ar-rāmiḥ*; cf. oben *rāyat as-simāk*, nr. 245] wurde rāmiḥ ‚lanzenbewaffnet' genannt wegen eines Sterns, der vor ihm steht und von dem man sagt, er sei seine ‚Lanze'". Ṣūfī 54, 4 (Yehuda V, 7): „Es wurde auch der 20. Stern auf dem linken Schenkel [des ptolemäischen Bildes Bootes = η Bootis] allein ar-rumḥ genannt".

255. *ar-rumḥ*

„die Lanze". Nach Ṣūfī 52, 10—14 haben die Araber α Bootis (*as-simāk*) *ar-rāmiḥ* den „lanzenbewaffneten (simāk)" genannt, „weil sie den 16. Stern auf seinem Schenkel [= ε Bootis] und den 20. auf dem linken Bein [= η Bootis] mit einer ihm [scil. dem *simāk*] gehörigen ‚Lanze' rumḥ verglichen, und die beiden eng beieinander stehenden auf dem Gürtel, d.h. den 17. und 18. [= $\sigma\varrho$ Bootis] mit einer Spitze auf diesem Ende der Lanze, an dem der 16. [= ε Bootis] steht, und den 21. und 22. [= $\tau\upsilon$ Bootis] mit einer Spitze an demjenigen Ende, auf dem der 20. [= η Bootis] steht". Es ist schwer, hier die Grenze zwischen einem bloßen Vergleich und einem regelrechten Eigennamen zu ziehen.

256. *as-sābiqān*

Ein Name für die beiden Sterne ζη Ophiuchi, der weder bei Ibn Qutayba noch bei Ṣūfī erscheint, sondern zuerst bei Tīzīnī, dann auch bei Ibn Māǧid; siehe die ausführliche Darstellung *Sternnamen* p. 199f., nr. 168 n. 1.

257. *saʿd*

Bei den Arabern gibt es zehn Sterngruppen, deren Namen mit *saʿd* zusammengesetzt sind (Plurale: *as-suʿūd*, *al-asʿud*). Vier davon gehören zu den Mondstationen (Station 22 bis 25). Die übrigen sechs liegen im Pegasus (*saʿd al-bihām*, *saʿd maṭar*, *saʿd al-humām* und *saʿd al-bāriʿ*), Capricornus (*saʿd nāšira*) und Aquarius (*saʿd al-malik*); „jedes dieser [sechs] saʿd-Gestirne besteht aus zwei Sternen, und zwischen den zwei Sternen ist jeweils nach Augenmaß ein Abstand von einer ḏirāʿ [bei Ṣūfī = 2° 20′]" (Ibn Qutayba 81, 10 = *Adab al-kātib* 96, 11). *Saʿd* und die jeweilige Qualifikation stammen aus so alter Zeit, daß sie von den Arabern nicht mehr verstanden werden; man versucht in literarischer Zeit, sie zu erklären, und verfällt dabei auf die künstlichsten Konstruktionen. Hommel, ZDMG 45 p. 595 n. 2 und 606 n. 3. 4 (cf. auch *Ethnologie*, Index) führt *saʿd* und das entsprechende hebr. שֵׁד auf babyl. *šēdu* „Dämon" zurück, gestützt auf die Parallele *bēlu*, בֵּל, *baʿl*, und verweist auf den altarabischen Gottheitsnamen *Saʿd*. Die Übersetzung „Glück, Glücksgestirn" ist daher ganz provisorisch. Die Araber selbst erklären immer nur die jeweiligen Beiwörter und lassen *saʿd* (offenbar als Eigenname) unerklärt stehen.

257, 1. *saʿd al-aḫbiya*

Mondstation 25. Ibn Qutayba 79, 16: *wa-huwa arbaʿat kawākib mutaqāriba wāḥid minhā fī wasaṭihā wa-hiya tamṯulu bi-riǧl baṭṭa wa-yuqālu inna s-saʿd minhā wāḥid wa-huwa anwaruhā wa-ṯ-ṯalāṯa aḫbiyatuhū* „er [scil. *saʿd al-aḫbiya*] besteht aus vier nahe beieinander stehenden Sternen, einer davon in ihrer Mitte; sie ähneln einem Entenfuß; es heißt, der saʿd sei einer davon, und zwar der hellste, und die drei seien seine ‚Zelte' aḫbiya"; ähnlich Ṣūfī 239, 8 (Yehuda XXXI, 5), der die vier Sterne mit dem 9., 10., 11. und 12. im ptolemäischen Bild Wassermann = γπζη Aquarii identifiziert.

257, 2a. *saʿd al-bahāʾim*

Ibn Qutayba 81, 8 (bei den unter Mondstation 25 mitbehandelten restlichen sechs *saʿd*-Gestirnen): zwei Sterne, ohne nähere Lagedefinition; Ṣūfī 122, 14 (Yehuda XVIII, 13) identifiziert die beiden Sterne mit dem 15. und 16. im ptolemäischen Bild Pegasus = ϑν Pegasi.

257,2b. *saʿd al-bihām*

Ibn Qutayba, *Adab al-kātib* 96, 10 führt den Namen des gleichen Gestirns in dieser Form auf; Ṣūfī 122, 14 schreibt: *wa-qaraʾtu fī baʿḍ al-kutub saʿd al-bihām* [hierfür ms Āṣafīya-Ḥaydarābād: *an-naʿām*] „und in einigen Büchern habe ich gelesen: saʿd al-bihām [unzutreffende Variante: *an-naʿām*, cf. unten 257,6b]".

257,2c. *saʿd an-nuhā*

An der eben zitierten Stelle fährt Ṣūfī fort: . . . *wa-saʿd an-nuhā* „. . . und saʿd an-nuhā".

257,3. *saʿd al-bāriʿ*

Ibn Qutayba 81, 9 (bei den unter Mondstation 25 mitbehandelten restlichen sechs *saʿd*-Gestirnen) = *Adab al-kātib* 96, 11: zwei Sterne, ohne nähere Lagedefinition; Ṣūfī 122, 16 (Yehuda XVIII, 14) identifiziert die beiden Sterne mit dem 9. und 10. im ptolemäischen Bild Pegasus = $\lambda\mu$ Pegasi. Zu zahlreichen Abweichungen in der Überlieferung dieses Namens cf. *Sternnamen* p. 200, nr. 170 n. 2.

257,4. *saʿd bulaʿ*

Mondstation 23. Ibn Qutayba 77, 13: *wa-huwa naǧmān mustawiyān fī l-maǧrā aḥaduhumā ḫafī* „er [scil. *saʿd bulaʿ*] besteht aus zwei Sternen in gleicher Höhe, einer davon schwach"; auch Farġānī, Kapitel 20: zwei Sterne; dagegen Ṣūfī 238, 18 (Yehuda XXXI, 6) faßt unter diesem Namen drei Sterne zusammen, die er mit dem 6., 7. und 8. im ptolemäischen Bild Wassermann = Fl. 7 (bzw. ν), $\mu\varepsilon$ Aquarii identifiziert. Zur Namensform cf. HOMMELS Hinweis auf Bildungen wie *zuḥal, quzaḥ* (ZDMG 45 [1891], p. 606 n. 2).

257,5. *saʿd aḏ-ḏābiḥ*

Mondstation 22. Ibn Qutayba 76, 11: *wa-huwa kawkabān ġayr nayyira baynahumā fī raʾy al-ʿayn qadr ḏirāʿ wa-aḥaduhumā murtafiʿ fī š-šamāl wa-l-āḫar hābiṭ fī l-ǧanūb wa-bi-qurb al-aʿlā minhumā kawkab ṣaġīr qad kāda yalzaqu bihī wa-taqūlu l-aʿrāb huwa šātuhū allatī yaḏbaḥuhā* „er [scil. *saʿd aḏ-ḏābiḥ*; beachte die Überlieferung der Vokalisierung *saʿduni ḏ-ḏābiḥu* in den Lexika!] besteht aus zwei nicht hellen Sternen, zwischen denen nach Augenmaß ein Abstand von einer ḏirāʿ [bei Ṣūfī = 2° 20′] ist; einer von ihnen erhebt sich nordwärts, der andere steht tiefer, nach Süden zu; nahe dem oberen [= α Capricorni; eigentlich ein Doppelstern, α^1, $4^{m}.55$, und α^2, $3^{m}.77$] steht ein kleiner Stern, der fast mit ihm zusammenklebt [= ν Capricorni], und die Beduinen sagen, das ist sein ‚Schaf', das er schlachtet"; ähnlich auch Farġānī, Kapitel 20; Ṣūfī 227, 9 (Yehuda

XXX, 4) identifiziert die beiden Sterne mit dem 1. und 3. im ptolemäischen Bild Steinbock = $\alpha^{1,2}\beta$ Capricorni, und den kleinen Stern, der neben dem oberen steht, demnach mit dem 2. im ptolemäischen Bild Steinbock = ν Capricorni.

257, 6 a. *sa'd al-humām*

Ibn Qutayba 81, 9 (bei den unter Mondstation 25 mitbehandelten restlichen sechs *sa'd*-Gestirnen) = *Adab al-kātib* 96, 11: zwei Sterne, ohne nähere Lagedefinition; Ṣūfī 122, 16 (Yehuda XVIII, 15) identifiziert die beiden Sterne mit dem 11. und 12. im ptolemäischen Bild Pegasus = $\zeta\xi$ Pegasi.

257, 6 b. *sa'd an-na'ām*

Abū l-Ḥasan 'Alī in seinen Sternverzeichnissen bei SÉDILLOT, *Traité des Instruments astronomiques des Arabes* I (Paris 1834), p. 191 ff. nr. 33 = p. 140 ff. nr. 224 (= KNOBEL, *The Chronology of Star Catalogues*, Memoirs of the Royal Astron. Soc. XLIII [1875—1877], 64 ff.) führt den helleren der beiden Sterne *sa'd al-humām*, ζ Pegasi, unter der entstellten Bezeichnung „La Brillante de *Saad-al-Rhamâm*" (zu erschließendes Original: *nayyir sa'd al-ġamām* [sic]) auf. Tīzīnī, der häufig mit Abū l-Ḥasan 'Alī übereinstimmt, hat ebenfalls eine Abweichung: HYDE druckt für ζ Pegasi die Bezeichnung *nayyir sa'd an-na'ām* [sic] (im Cmt zur Uluġ Bēg-Edition, Oxford 1665, p. 75, bei 65° 0′ RA).

257, 7. *sa'd al-mlk*

Ibn Qutayba 81, 8 (bei den unter Mondstation 25 mitbehandelten restlichen sechs *sa'd*-Gestirnen) = *Adab al-kātib* 96, 10: zwei Sterne, ohne nähere Lagedefinition; Ṣūfī 238, 2 (Yehuda XXXI, 7) identifiziert die beiden Sterne mit dem 2. und 3. im ptolemäischen Bild Wassermann = *αο* Aquarii. Zur Lesung des Namens cf. *Sternnamen* p. 201, nr. 171 n. 1.

257, 8. *sa'd maṭar*

Ibn Qutayba 81, 9 (bei den unter Mondstation 25 mitbehandelten restlichen sechs *sa'd*-Gestirnen) = *Adab al-kātib* 96, 10: zwei Sterne, ohne nähere Lagedefinition; Ṣūfī 122, 17 (Yehuda XVIII, 16) identifiziert die beiden Sterne mit dem 7. und 8. im ptolemäischen Bild Pegasus = ηo Pegasi.

257, 9. *sa'd nāšira*

Ibn Qutayba 81, 7 (bei den unter Mondstation 25 mitbehandelten restlichen sechs *sa'd*-Gestirnen) = *Adab al-kātib* 96, 10; auch 86, 11: *wa-humā kawkabān asfal min sa'd as-su'ūd naḥwa l-yaman* „es sind zwei Sterne unterhalb von sa'd as-su'ūd [= $\beta\xi$ Aquarii und c^1 Capricorni] nach

Süden zu“; Ṣūfī 227, 12 (Yehuda XXX, 5) identifiziert die beiden Sterne mit dem 23. und 24. im ptolemäischen Bild Steinbock = $\gamma\delta$ Capricorni. Bei Marzūqī 1, 195, 12 (in einer mit Ibn Qutayba 86, 11 = Ṣūfī 238, 11 übereinstimmenden Passage) ist der Name in *saʿd bātira* entstellt.

257, 10. *saʿd as-suʿūd*

Mondstation 24. Ibn Qutayba 78, 12: *wa-hiya ṯalāṯat kawākib aḥaduhā nayyir wa-l-āḫarān dūnahū* „es sind drei Sterne, einer davon hell, die beiden anderen schwächer als er“; Ṣūfī 238, 4 (Yehuda XXX, 6; XXXI, 8) identifiziert die drei Sterne mit dem 4. und 5. im ptolemäischen Bild Wassermann = $\beta\xi$ Aquarii und dem 28. [Text Ḥaydarābād falsch: *as-sābiʿ wa-l-ʿišrīn*, taḥrīf für *aṯ-ṯāmin wa-l-ʿišrīn*, wie durch die Definition *ʿalā ṭaraf ḏanabihī* „auf seinem Schwanzende“ einwandfrei belegt ist] im ptolemäischen Bild Steinbock = c^1 Capricorni.

258. *as-sāʿid*

„der Unterarm [der ausgestreckten rechten Hand der ṯurayyā]“. Ṣūfī 85, 10 kennt unter diesem Namen zwei Sterne, die er mit dem 2. und 3. im ptolemäischen Bild Perseus = $\eta\gamma$ Persei identifiziert. Marzūqī benutzt ebenfalls den Ausdruck *sāʿid* (2, 378, 5): *wa-yuqālu li-mā bayna l-mirfaq wa-l-miʿṣam as-sāʿid* „das, was zwischen al-mirfaq [dem „Ellenbogen“, α Persei] und al-miʿṣam [dem „Handgelenk“, χ h Persei] ist, wird as-sāʿid ‚der Unterarm‘ genannt“. Ibn Qutayba hatte hier drei Sterne gesehen und sie *aḏ-ḏirāʿ* (nr. 81) genannt.

259. *as-safīna*

„das Schiff“. Ibn Qutayba 81, 14—16 (bei den unter Mondstation 25 mitbehandelten Sternen): *wa-s-safīna kawākib ḫafīya mutatābiʿa min ʿindi d-dalw ilā saʿd as-suʿūd tušbihu s-safīna wa-ʿinda awwalihā ḍ-ḍifdiʿ al-muqaddam wa-āḫiruhā ḍ-ḍifdiʿ al-muʾaḫḫar wa-yaqūlu aṣḥāb an-nuǧūm inna suhaylan ṭaraf al-miǧdāf* „as-safīna ‚das Schiff‘ sind schwache hintereinanderstehende Sterne von ad-dalw [= $\delta\gamma\beta\alpha$ Pegasi] bis zu saʿd as-suʿūd [= $\beta\xi$ Aquarii und c^1 Capricorni], die einem Schiff ähneln; auf seinem Bug steht aḍ-ḍifdiʿ al-muqaddam [= α Piscis Austrini], und sein Heck ist aḍ-ḍifdiʿ al-muʾaḫḫar [= β Ceti]; die Sternkundigen [hier offenbar dem Sachverhalt nach: die (wissenschaftlichen) Astronomen] sagen: suhayl ist das Ende des Ruders“. Ein Blick auf die Karte zeigt, daß diese Definition aus lauter Ungereimtheiten besteht. Die Angabe „von $\delta\gamma\beta\alpha$ Pegasi bis zu $\beta\xi$ Aquarii und c^1 Capricorni“ bezeichnet eine Himmelsgegend zwischen +30° und —10° Deklination; α Piscis Austrini steht viel tiefer, bei —30° Deklination, auch β Ceti steht tiefer, bei —20° Deklination, und außerdem um gut 30° RA östlich der angegebenen Stelle. Die Angabe über *suhayl*, der auf dem „Steuerruder“ *al-*

miǧdāf stehe, ist von Ibn Qutayba fälschlich auf dieses arabische „Schiff“ *safīna* bezogen worden; denn es ist die Definition des 44. Sterns im ptolemäischen Bild Argo = α Carinae, das in den Ptolemäusübersetzungen, d.h. in der wissenschaftlichen Astronomie (= bei den *aṣḥāb an-nuǧūm*) ebenfalls *as-safīna* heißt. Ibn Qutayba hat also Griechisches mit Arabischem vermischt, falls es überhaupt ein arabisches „Schiff“ *safīna* gegeben haben sollte. Auch Ṣūfī 240, 1—11 und 302, ult.—303, 8 berichtet diese Überlieferung, kann aber damit ebensowenig anfangen, da er *as-safīna* nur als Übersetzung der griechisch-ptolemäischen „Argo“ kennt; und so schließt er seine Darstellung (303, 7): *wa-hāḏā qawl man lam yaʿrif as-safīna wa-la s-suʿūd wa-la ḍ-ḍifdiʿayn wa-llāhu aʿlam wa-aḥkam* „aber das hat jemand gesagt, der weder as-safīna [= Argo] noch as-suʿūd [= die zehn *saʿd*-Gestirne] noch die beiden ‚Frösche‘ kannte. Allāh weiß es am besten und genauesten.“ (cf. o. p. 26).

260. *as-salbār*

Bei den relativ späten Nautikern Ibn Māǧid und Sulaymān al-Mahrī ist dies der Name des in der klassischen arabischen (und griechisch-ptolemäischen) Astrothesie unbekannten Sterns α Eridani; siehe die ausführliche Darstellung *Sternnamen* p. 100f., nr. 1, 2 n. 1.

261. *as-samaka*

Ibn Qutayba nennt den von Ṣūfī stets als *al-ḥūt* (nr. 126a) bezeichneten arabischen „Fisch“ durchgehend *as-samaka*, p. 84f.

262. *sanām an-nāqa*

„der Höcker der Kamelin“; siehe oben *an-nāqa*, nr. 190.

263. *sāq al-asad*

„das [Hinter-]Bein des Löwen“. Nach Ibn Qutayba 62, 8 (unter Mondstation 14) und Ṣūfī 54, 5; 194, 1 (Yehuda XXVI, 6) war nach arabischer Anschauung jeder der beiden *simāk* genannten Sterne α Bootis und α Virginis ein „(Hinter-)Bein des Löwen“. Man faßte den Namen auch für beide Sterne gemeinsam im Dual zusammen als *sāqā l-asad.*

264. *sarīr banāt naʿš*

„die Lagerstatt, das Bett der Töchter des naʿš“. Nur Ṣūfī 32, 8 (Yehuda II, 19): ein Name für die vier Sterne des *naʿš* = αβδγ Ursae Maioris.

265. *sarīr banāt naʿš*

„die Lagerstatt, das Bett der Töchter des naʿš“. Nur Ṣūfī 33, 6 (Yehuda II, 19): ein anderer Name für die *al-ḥawḍ* (nr. 122) genannten sieben Sterne.

266. *sayf al-ǧabbār*

„das Schwert des Riesen [= Orion]". Nur Ṣūfī 269, 12 (Yehuda XXXIV, 13): ein Name für die drei untereinanderstehenden Sterne unter dem Gürtel des Orion, d.h. den 30., 31. und 32. im ptolemäischen Bild Orion = c $\vartheta^{1,2} \iota$ Orionis. Für diese drei Sterne werden sonst von den Arabern die Namen *al-ǧawāzī* (nr. 105) und *al-lqṭ* (nr. 151) überliefert. Mit größter Wahrscheinlichkeit ist dagegen *sayf al-ǧabbār* kein Name arabischen Ursprungs, sondern hervorgegangen aus der ptolemäischen Definition, nach der jene drei Sterne auf dem „Schwert" *sayf* des Orion stehen; in den Ptolemäusversionen wird Orion stets als *al-ǧabbār* „der Riese" wiedergegeben, während der altarabische Name der Figur *al-ǧawzā'* war (cf. oben *kalb al-ǧabbār*, nr. 140).

267. *as-silāḥ*

„die Waffe". Nur Ṣūfī 54, 5 (Yehuda V, 8): ein Name für zwei Sterne bei η Bootis, das heißt (nach 52, 13f.) den 21. und 22. im ptolemäischen Bild Bootes = $\tau \upsilon$ Bootis.

268. *as-silāḥ*

„die Waffe". Davon verschieden, heißen nach Ṣūfī 54, 3 kleine, von Ptolemäus nicht beschriebene Sterne um *as-simāk ar-rāmiḥ*, α Bootis, her ebenfalls *as-silāḥ*.

269. *as-simāk al-aʿzal*

„der alleinstehende (oder: unbewaffnete) simāk". Mondstation 14. Ibn Qutayba 62, 2ff.: es gibt zwei *simāk*, der eine davon ist Mondstation, der andere nicht; derjenige, bei dem der Mond Station macht, wurde *al-aʿzal* „der alleinstehende (oder: unbewaffnete)" genannt, *li-annahū lā šay' bayna yadayhi wa-l-aʿzal huwa ar-raǧul allaḏī lā silāḥ maʿahū* „weil er nichts vor sich hat, und al-aʿzal ist der Mann, der keine Waffe bei sich hat"; kürzer *Adab al-kātib* 94, 9. Nach Ṣūfīs astronomischer Identifizierung (193, 15; Yehuda XXV, 7. 8) ist es der 14. Stern im ptolemäischen Bild Jungfrau = α Virginis. Als Mondstation wird er meist nur kurz *as-simāk* genannt. Zu diesem alten unübersetzbaren Namen cf. HOMMEL, ZDMG 45 (1891), p. 596f. sowie *Sternnamen* p. 133f., nr. 46 (mit n. 2) und p. 146, nr. 66 (mit n. 2).

270. *as-simāk ar-rāmiḥ*

„der lanzenbewaffnete simāk". Ibn Qutayba 62, 4 (unter Mondstation 14): das ist derjenige der beiden *simāk*, bei dem der Mond nicht Station macht; cf. zur Namendeutung die Zitate aus Ibn Qutayba oben bei *rāyat as-simāk* (nr. 245) und *ar-rumḥ* (nr. 254). Nach Ṣūfīs astronomischer Identifizierung (52, 6; Yehuda V, 9; XXVI, 5) ist es der 1. externe Stern des ptolemäischen Bildes Bootes = α Bootis.

271. *as-suhā*

(zur Wurzel *shw* „übersehen, vergessen"). Ibn Qutayba 148, 2; *Adab al-kātib* 94, 4; Ṣūfī 32, 12 (Yehuda II, 20): der Name des kleinen Sterns neben dem mittleren Schwanzstern des Großen Bären = Fl. 80 (g) Ursae Maioris, des deutschen „Reiterleins".

272a. *suhayl*

Ibn Qutayba 152ff.: *kawkab aḥmar yamānin ... yaqrubu min al-ufq munfarid ʿan al-kawākib lā yaqṭaʿu ilā l-maġrib ka-mā yaqṭaʿu ġayruhū walākinnahū yaġību fī maṭlaʿihī* „ein südlicher roter Stern ... er steht in Horizontnähe, abgesondert von den [anderen] Sternen, und wandert nicht nach Westen zu wie andere [Sterne], sondern geht in der Breite seines Aufgangs auch wieder unter"; *Adab al-kātib* 95, 8: *kawkab aḥmar munfarid ʿan al-kawākib wa-li-qurbihī min al-ufq tarāhu abadan ka-annahū yaḍṭaribu* „ein roter Stern, abgesondert von den [anderen] Sternen; wegen seiner Horizontnähe sieht man ihn immer gleichsam zittern". Ṣūfī 301, 21 (Yehuda XXXVII, 13; XXXIX, 2) identifiziert ihn mit dem 44. Stern im ptolemäischen Bild Schiff Argo = α Carinae. Cf. die ausführliche Darstellung *Sternnamen* p. 208f., nr. 185.

272b. *suhayl al-yaman*

„der suhayl des Südens". Ibn Qutayba 152, 8: eine andere Bezeichnung für den gleichen Stern; auch bei Marzūqī 2, 383, 3; cf. später Tīzīnī (*Sternnamen* a.a.O.).

272c. *suhayl al-yamānī*

„der südliche suhayl". Ibn Qutayba 48, 8 (entsprechend der Stelle Ṣūfī 303, 2f.; hier aber nur *suhayl*): eine andere Bezeichnung für den gleichen Stern; cf. auch Battānī (*Sternnamen* a.a.O.).

273.

Ṣūfī 301, 20—302, 3: im Gegensatz zu α Carinae, der *suhayl* „allein, ohne Beiwort" (*ʿalā l-iṭlāq*) heißt, hatten nach einigen Überlieferungen die Sterne zweiter Größe in seiner Nähe, d.h. der 17., 31. und 35. im ptolemäischen Bild Schiff Argo = ζ Puppis und $\lambda\gamma$ Velorum, folgende Namen — ohne daß ein bestimmter dieser Namen auf einen bestimmten der drei Sterne fixiert wäre:

273a. *suhayl blqyn*

[ms Berlin, auch Edition Schjellerup: *tlqyn*]. Cf. hierzu Marzūqī 2, 383, 3: *wa-rawā Ibn al-Aʿrābī ʿan al-ʿarab fī l-kawākib al-yamāniya ašyāʾ qāla suhayl al-yaman wa-taḥtahū* s u h a y l b l q y n *wa-huwa ġayr ḥaḍāri wa-ġayr al-wazn* „Ibn al-Aʿrābī hat von den Beduinen mancherlei über die südlichen Sterne überliefert; er sagt: suhayl al-yaman [= α Carinae], und unter ihm ist suhayl blqyn, dieser ist verschieden von ḥaḍāri und verschieden von al-wazn [= $\alpha\beta$ Centauri]"; hier handelt es sich offenbar um denselben Stern, den Ibn Qutayba bloß unter dem Namen *blqyn* aufführt (s. o. *balqīn*, nr. 54). Als hellster Stern unterhalb α Carinae käme der Definition von Ibn al-Aʿrābī/Marzūqī am nächsten α Pictoris, der ca. 10° unter α Carinae steht, etwa in gleicher Höhe wie α Crucis, so daß er also — ebenso wie jener — unter günstigen Bedingungen gerade noch sichtbar gewesen sein muß.

273b. *suhayl ḥaḍāri*

(zu *ḥaḍāri* siehe oben nr. 118).

273c. *suhayl raqāsi*

(Variante bei Schjellerup: *raqāši*).

273d. *suhayl al-wazn*

(zu *al-wazn* siehe unten nr. 315). Eine späte Spur dieses Namens scheint sich in dem Ausdruck „Suhel ponderosus" erhalten zu haben, der in einigen Drucken der *Alphonsinischen Tafeln* dem Stern α Carinae beigelegt wird.

273e. *suhayl al-muḫlif*

(zu *al-muḫlif* siehe oben nr. 174).

273f. *suhayl al-muḥniṯ*

(zu *al-muḥniṯ* siehe oben nr. 175).

274. *as-sullam*

„die Leiter, Stufenreihe". Ibn Qutayba 81, 13 (bei den unter Mondstation 25 mitbehandelten Sternen): *asfal min al-ʿāna ʿan yamīnihā* „rechts unterhalb von al-ʿāna [nr. 32]". Wenn die oben angenommene Identifizierung von *al-ʿāna* zutrifft, könnte *as-sullam* etwa von der Sternreihe ι Piscis Austrini und $\gamma\lambda\mu^{1,2}\delta^{1,2}\beta$ Gruis gebildet werden. Das bei Ibn Qutayba natürlich unvokalisiert *al-slm* geschriebene Wort hat Lane s. v. im Anschluß an die arabischen Lexika unter *as-sullam* eingereiht (cf. z. B. *Tāǧ* VIII 340, 13: *wa-s-sullam ayḍan kawākib asfal min al-ʿāna ʿan yamīnihā ʿalā t-tašbīh bi-s-sullam*; der Wortlaut hier scheint teilweise aus Ibn Qutayba zu stammen).

275. *as-sunbula*

„die Ähre". Ein Name, den „die Menge" (*al-ʿāmma*, Ibn Qutayba 66, 6, bei den unter Mondstation 14 mitbehandelten Sternen; Ṣūfī 182, 6 [Yehuda XXV, 11]) oder die „Leute" (*qawm*, Ibn Sīda, *Muḫaṣṣaṣ* 9, 12) den sonst *al-hulba* (nr. 117a) genannten Sternen beilegen.

276. *al-st'*

Nur Ṣūfī 32, 12: ein anderer Name für den sonst *as-suhā* (nr. 271) genannten kleinen Stern. Lesung und Bedeutung des Wortes sind gänzlich unklar.

277 a. *aṣ-ṣalīb*

„das Kreuz". Ibn Qutayba 151, 12; Ṣūfī 116, 16 (Yehuda XVI, 3): ein andrer Name (nach Ṣūfī von der „Menge" *al-ʿāmma* benutzt) für die vier *al-qaʿūd* (nr. 234) genannten Sterne.

277 b. *ṣalīb aṭ-ṭā'ir*

„das bei aṭ-ṭā'ir stehende Kreuz". Zum Unterschied von einem weiteren „Kreuz" wurde dieses auch mit dem auf seine Stellung bei bzw. hinter *an-nasr aṭ-ṭā'ir* weisenden Attribut versehen (z. B. bei Bīrūnī, *Tafhīm* § 163; dort im Text allerdings falsch *aṣ-ṣalīb aṭ-ṭā'ir* „The Flying Cross").

278. *ṣalīb al-wāqiʿ*

„das bei al-wāqiʿ stehende Kreuz". Eine andere Gruppe von vier Sternen hieß ebenfalls *aṣ-ṣalīb* bzw. zur besseren Unterscheidung das „bei an-nasr al-wāqiʿ stehende Kreuz"; Ṣūfī 63, 9—13 (Yehuda VII, 1) identifiziert diese vier Sterne mit dem 19. im ptolemäischen Bild Herkules = ι Herculis und dem 3., 5. und 4. im ptolemäischen Bild Drache = $\beta\gamma\xi$ Draconis. Andere setzten später dieses „Kreuz" mit den vier Sternen *al-ʿawā'iḏ* = $\nu\beta\xi\gamma$ Draconis gleich (der arabische Glossator des Uluġ Bēg in HYDES Cmt; Ibn Māǧid, *Kitāb al-fawā'id*, Facsim. FERRAND, *Instructions Nautiques* I [Paris 1921—1923], fol. 8r), offenbar weniger richtig, da deren rechteckige Anordnung weniger den Anblick eines Kreuzes bietet als die rhombisch angeordneten Sterne, die Ṣūfī angibt.

279. *aṣ-ṣarfa*

„der [Wetter-]Wechsel". Mondstation 12. Ibn Qutayba 59, 9: *wa-hiya kawkab wāḥid ʿalā iṯri z-zubra muḍī'* „das ist ein einzelner heller Stern hinter az-zubra [= $\delta\vartheta$ Leonis]"; Ṣūfī 181, 15 (Yehuda XXV, 2) identifiziert den Stern mit dem 27. im ptolemäischen Bild Löwe = β Leonis.

280. *aṣ-ṣaydaq*

Ibn Qutayba 148, 3; Ṣūfī 32, 12 (Yehuda II, 7): ein anderer Name für den sonst *as-suhā* (nr. 271) genannten kleinen Stern.

281. *aṣ-ṣuradān*

„die beiden [Vögel namens] ṣurad". Ibn Qutayba 73, 10 (bei den unter Mondstation 19 mitbehandelten Sternen): *wa-warāʾa l-qubba aṣ-ṣuradān wa-humā yaṭluʿāni maʿa z-zubānayayn yaǧrī aḥaduhumā qarīban min al-ufq wa-l-āḫar fawqahū bi-ḥiyālihī* „hinter al-qubba [= Corona Austrina] sind die beiden ṣurad, sie gehen auf zusammen mit az-zubānayān [= $\alpha\beta$ Librae]; einer von ihnen hat seine Bahn nahe dem Horizont und der andere über diesem, ihm gegenüber"; fast wörtlich gleichlautend sagt Abū Ḥanīfa bei Marzūqī 2, 383, 11: *wa-warāʾa l-qubba aṣ-ṣuradān aḥaduhumā yaǧrī qarīban min al-ufq wa-l-āḫar fawqahū bi-ḥiyālihī.* Auch Ṣūfī 220, 16 erwähnt den Namen und identifiziert seine Träger mit dem 26. und 27. Stern im ptolemäischen Bild Schütze. Der 27. ist = ι Sagittarii; der 26. ist bei Ptolemäus $\varkappa^{1,2}$ Sagittarii, etwa 7° hinter ι; Ṣūfī jedoch erblickt hierin $\vartheta^{1,2}$ Sagittarii (p. 218, 18—219, 3), der etwa die gleiche Gesamthelligkeit hat wie $\varkappa^{1,2}$, aber rund 7° über ι steht. So erfüllt er zwar Abū Ḥanīfas Definition insofern, als er auch zwei übereinanderstehende Sterne als *aṣ-ṣuradān* ansieht. Der südlichere dieser beiden von Ṣūfī angenommenen Sterne, ι Sagittarii, erfüllt jedoch nicht Abū Ḥanīfas weitere Bestimmung, seine „Bahn" (= Deklination) in Horizontnähe zu haben. Es wäre daher zu bevorzugen, abweichend von Ṣūfīs Identifizierung ein anderes Sternpaar als *aṣ-ṣuradān* anzusehen, das Abū Ḥanīfas Definition besser entspricht: α Indi (als nördlicheren) und α Pavonis (als südlicheren). Beide gehören nicht zu den 1025 ptolemäischen Sternen, so daß Ṣūfī sie nicht als gegebene Größen bei der Identifizierung zur Verfügung hatte[1]. Der südlichere von ihnen, α Pavonis, hat eine Deklination von rund —57°, steht also etwa ebenso tief wie *suhayl* (α Carinae, rund —53°, um 1900), von dem stets ausgesagt wird, seine „Bahn" = Deklination liege nahe dem Horizont. Hierzu kommt, daß die beiden von mir angenommenen Sterne erheblich heller sind (α Pavonis zweiter Größe, α Indi dritter Größe), als die von Ṣūfī angesetzten (vierter Größe), was ebenfalls gegen Ṣūfīs Identifizierung spricht.

282. *aš-šāʾ*

„die Schafe". Ibn Qutayba 149, 10 (= Marzūqī 2, 378, 14): *kawākib ṣiġār fī-mā bayna l-qurḥa wa-l-ǧudayy* „kleine Sterne zwischen al-qurḥa [= ξ Cephei] und dem Polarstern"; Ṣūfī 47, 14—20 kann diese Sterne nur mit den vielen kleinen von Ptolemäus nicht beschriebenen Sternen auf dem Leib des ptolemäischen Bildes Kepheus identifizieren.

---

[1] Den nördlicheren hiervon, α Indi, hat er jedoch selbst beobachtet und beschrieben und dazu bemerkt, daß Ptolemäus ihn nicht erwähnt habe (219, 12—15; Anspielung 347, 13—14). Tīzīnī führt diesen Stern hiernach in seinem Verzeichnis auf unter der selbstgebildeten Bezeichnung *mutaqaddim sākib al-māʾ* „der dem Wassermann, Aquarius Vorangehende" (im Cmt zu Hydes Uluġ Bēg-Edition, Oxford 1665, p. 74, bei 31° 38′ RA).

283. *aš-šamārīḫ*

„die Büschel mit unreifen Trauben (oder: Datteln, oder: die feinen Ausläufer größerer Zweige)“. Ibn Qutayba 73, 7 (bei den unter Mondstation 19 mitbehandelten Sternen): *wa-hunāka š-šamārīḫ wa-hiya kawākib kaṯīra taǧrī maǧrā l-ʿaqrab amāmahā wa-taḥtahā* „dort [scil. bei *al-ḫibāʾ*, *aš-šarāsīf*, *ʿarš as-simāk* und *al-maʿlaf*] sind auch aš-šamārīḫ, das sind viele Sterne in der Bahn [= Deklination] des Skorpions, vor und unter ihm“; wie Ṣūfī 333, 1 richtig sagt, bezieht sich diese Definition etwa auf die Sterne der ptolemäischen Bilder Kentaur und Wolf = Centaurus und Lupus.

284. *aš-šarāsīf*

„die gefesselten Kamele“. Ibn Qutayba 73, 4 (bei den unter Mondstation 19 mitbehandelten Sternen): *kawākib miṯl al-ḥabl mustaṭīla bayna l-kawkab al-fard wa-bayna l-ḫibāʾ* „Sterne wie ein Seil, in langgezogener Anordnung, zwischen dem Stern al-fard [= α Hydrae] und al-ḫibāʾ [= $\beta\gamma\delta\varepsilon$ Corvi]“; genauer will Ṣūfī 313, 19—314, 2 *aš-šarāsīf* mit dem 13. bis 23. Stern im ptolemäischen Bild Wasserschlange = $\varkappa v^1 v^2$ [bzw. $v^1 v^2 \lambda$] $\mu\varphi\nu$ Hydrae und β Crateris und $\chi^1 \xi o \beta$ Hydrae identifizieren.

285. *aš-šaraṭ*

Nur Ṣūfī 142, 7: ein anderer Name für die beiden sonst *aš-šaraṭān* (nr. 286) genannten Sterne.

286. *aš-šaraṭān*

„die beiden šaraṭ[1]“. Mondstation 1. Ibn Qutayba 17, 7: *kawkabān ... wa-baynahumā fī raʾy al-ʿayn qāb qaws iḏā ṣāra fī kabid as-samāʾ* „zwei Sterne ... zwischen ihnen ist nach Augenmaß [ein Abstand von] einer halben Bogenlänge[2], wenn sie im Zenit stehen“. Ṣūfī hat eine der verschiedenen ihm vorliegenden arabischen Überlieferungen zu *aš-šaraṭān* mißverstanden: die arabische Gleichsetzung von *aš-šaraṭān* mit *qarnā l-ḥamal*, den „Hörnern des Widders“ (nr. 220), bezieht sich auf die arabische Auffassung des Widders, während Ṣūfī sie irrtümlich auf die ptolemäische bezieht; so setzt er hiernach *aš-šaraṭān* mit den „beiden hellen

[1] *šaraṭ* kann bedeuten *ʿalāma* „Zeichen“, aber auch *awwal aš-šayʾ* „der Anfang einer Sache“. Letzteres dürfte die hierhergehörige Bedeutung sein, da die beiden Sterne dieses Namens die Reihe der 28 Mondstationen eröffnen. Cf. auch HOMMEL, ZDMG 45 (1891), p. 600 n. 2.

[2] PELLAT zitiert hierzu (a.a.O. n. 3) aus Qazwīnī die Distanzangabe *qāb qawsayn* „zwei halbe Bogenlängen“ und aus Marzūqī 1, 187 *ḏirāʿ* „Abstand einer ḏirāʿ [bei Ṣūfī = 2° 20′]“. Nach der zweiten der von Ṣūfī verarbeiteten Überlieferungen (142, 14) sei *al-buʿd bayna kawkabay aš-šaraṭayn miṯla l-buʿd bayna l-farqadayn* „die Entfernung zwischen den beiden Sternen aš-šaraṭān gleich der Entfernung zwischen den beiden Sternen al-farqadān [= $\beta\gamma$ Ursae Minoris]“.

Sternen auf dem Horn [des ptolemäischen Bildes Widder = $\beta\gamma$ Arietis]" gleich (142, 6). Nach der anderen Überlieferung identifiziert er *aš-šaraṭān* mit dem 2. sowie dem 1. externen Stern des ptolemäischen Bildes Widder = $\beta\alpha$ Arietis. Demzufolge ist natürlich auch die Ansetzung der drei Sterne *al-ašrāṭ* (nr. 16) schwankend; auch die Identifizierung der zweiten Mondstation, *al-buṭayn* (nr. 68), ist nicht einheitlich.

287. *aš-šāt*

„das Schaf". Eine Bezeichnung für den kleinen Stern ν Capricorni im Zusammenhang mit dem Namen der 22. Mondstation, *saʿd aḏ-ḏābiḥ* (nr. 257, 5).

288a. *aš-šawla*

„der Schwanz [des Skorpions]". Mondstation 19. Ibn Qutayba 71, 14: *kawkabān mutaqāribān yakādāni yatamāssāni* „zwei eng beieinanderstehende Sterne, die sich fast berühren"; Ṣūfī 209, 13 (Yehuda XXVIII, 7) identifiziert die beiden Sterne mit dem 20. und 21. im ptolemäischen Bild Skorpion = $\lambda\upsilon$ Scorpionis.

288b. *šawlat-al ʿaqrab*

„der Schwanz des Skorpions". Der Name des Gestirns wird auch in dieser vollständigeren Form gegeben, Ṣūfī 209, 13 (Yehuda XXVIII, 8).

288c. *šawlat aṣ-ṣūra*

„der Schwanz des Bildes [Skorpion]". Ṣūfī 209, 14: ein weiterer Name für das gleiche Gestirn (cf. Ibn Qutayba 121, 1, bei der Beschreibung der Tierkreisbilder: *wa-qad yusammī qawm . . . al-ʿaqrab aṣ-ṣūra* „gelegentlich nennen Leute . . . den Skorpion aṣ-ṣūra ‚das Bild'").

289a. *aš-šiʿrā al-ʿabūr*

Ibn Qutayba 46, 5; 14 (bei den unter Mondstation 6 mitbehandelten Sternen); *Adab al-kātib* 96, 7: derjenige von *aš-šiʿrayān*, den „beiden Sirii", der im Tierkreiszeichen *al-ǧawzāʾ* = Zwillinge steht; Ṣūfī 288, 17 (Yehuda XXXVII, 1. 11) identifiziert ihn mit dem hellen großen Stern auf dem Maul des ptolemäischen Bildes Großer Hund = α Canis Maioris, Sirius. Cf. zum Namen die ausführliche Darstellung *Sternnamen* p. 117ff.

289b. *aš-šiʿrā al-yamāniya*

„der südlichere Sirius". Ṣūfī 288, 18 (Yehuda XXXVII, 12): ein anderer Name für den gleichen Stern. Von beiden Namen werden in der Literatur auch die Beiwörter allein benutzt. Wird andererseits nur von *aš-šiʿrā*, ohne Beiwort, gesprochen, so ist damit immer Sirius gemeint.

290a. *aš-šiʿrā al-ġumayṣāʾ*

Ibn Qutayba 49, 4 (bei den unter Mondstation 7 mitbehandelten Sternen); 47, 1 (bei den unter Mondstation 6 mitbehandelten Sternen); *Adab al-kātib* 96, 7: derjenige von *aš-šiʿrayān*, den „beiden Sirii", der in *aḏ-ḏirāʿ al-mabsūṭa* steht; Ṣūfī 293, 7 (Yehuda XXXVIII, 3) identifiziert ihn mit dem helleren der beiden Sterne des ptolemäischen Bildes Kleiner Hund = α Canis Minoris, Prokyon.

290b. *aš-šiʿrā aš-šaʾāmiya*

„der nördlichere Sirius". Ṣūfī 293, 5 (Yehuda XXXVIII, 6): ein anderer Name für den gleichen Stern. Von beiden Namen werden in der Literatur auch die Beiwörter allein benutzt.

291. *at-tabaʿ*

„der Gefolgsmann". Marzūqī 1, 315, 3 v. u.: ein anderer Name für den sonst *ad-dabarān* (nr. 69) genannten Stern.

292. *at-tābiʿ*

„der Nachfolgende". Ṯaʿlab bei Marzūqī 1, 260; Abū Ḥanīfa bei Ibn Sīda, *Muḫaṣṣaṣ* 9, 10 = Marzūqī 1, 188; Ṣūfī 154, 4: ein anderer Name für den sonst *ad-dabarān* (nr. 69) genannten Stern.

293. *tābiʿ an-naǧm*

„der den Plejaden Nachfolgende". Ibn Qutayba 37, 6; Abū Ḥanīfa bei Ibn Sīda, *Muḫaṣṣaṣ* 9, 10 = Marzūqī 1, 188; Ṣūfī 154, 3: ein anderer Name für den sonst *ad-dabarān* (nr. 69) genannten Stern.

294. *tābiʿ as-simāk*

„der dem simāk Nachfolgende" (?). Ṣūfī 52, 14: der Name für einen Stern, den er mit dem 16. im ptolemäischen Bild Bootes = ε Bootis identifiziert. Im Text Ḥaydarābād heißt es sinnlos *tābiʿ aš-šamāl*; richtig ist zu lesen *tābiʿ as-simāk*, mit Beziehung auf den in der Nähe stehenden hellen Stern *as-simāk ar-rāmiḥ* = α Bootis; die Wörter *as-simāk*, *aš-šamāl* und *as-samāʾ* werden in den Hss meist durcheinandergeworfen (cf. oben *ḥāris aš-šamāl*, nr. 121a).

295. *tāǧ al-ǧawzāʾ*

„die Krone der ǧawzāʾ". Ibn Qutayba 45, 10 (bei den unter Mondstation 6 mitbehandelten Sternen): *wa-fawqa r-raʾs kawākib kaṯīra ṣiġār mustadīra wāsiʿa mutanāsiqa ka-l-ʿiqd* „und über dem Kopf sind viele kleine kreisförmig angeordnete wie auf einer Perlenkette aufgereihte Sterne ..."; genauer identifiziert Ṣūfī 269, 17 (Yehuda XXXIV, 14) diese Sterne mit dem 17. bis 25. im ptolemäischen Bild Orion = $y^2 y^1 o^2 \pi^{1-6}$ Orionis.

296. *at-taḥāyī*

Ibn Qutayba 42, 5 (unter Mondstation 6): *wa-qāla Ibn Kunāsa innamā yanzilu l-qamar bi-t-taḥāyī wa-hiya kawākib ṯalāṯa ḥiḏā'a l-han'a al-wāḥida minhā tiḥyāt* „Ibn Kunāsa sagt: der Mond macht nur bei at-taḥāyī Station, das sind drei Sterne gegenüber von al-han'a [= $\gamma \xi$ Geminorum], und der Singular ist tiḥyāt"; ebenso 86, 5; ähnlich Abū Ḥanīfa bei Ibn Sīda, *Muḫaṣṣaṣ* 9, 11 = Marzūqī 1, 189; aber Ibn Qutayba 86, 6: *wa-kāna Abū Ziyād al-Kilābī yaqūlu at-taḥāyī hiya al-haq'a* „Abū Ziyād al-Kilābī pflegte zu sagen: at-taḥāyī ist al-haq'a [= $\lambda \varphi^{1,2}$ Orionis]". Ṣūfī 166, 19 identifiziert die drei Sterne mit dem 14., 15. und 16. im ptolemäischen Bild Zwillinge = $\eta \mu \nu$ Geminorum. Form und Bedeutung des Namens sind ungedeutet; cf. *Sternnamen* p. 211f. nr. 191.

297a. *at-taḥāyī*

Ṣūfī 269, 1: ein anderer Name für das sonst *al-haq'a* (nr. 115a) genannte Gestirn (cf. Abū Ziyād al-Kilābī im vorangehenden Artikel). Hier handelt es sich möglicherweise um einen Irrtum und eine Verwechslung von *al-han'a* mit *al-haq'a*.

297b. *at-taḥīyāt*

Ṣūfī 269, 1: dieselbe Gruppe wurde auch *at-taḥīyāt* genannt.

297c. *at-taḥīya*

Ṣūfī 269, 1 (Yehuda XXIII, 9): dieselbe Gruppe wurde auch *at-taḥīya* genannt. Zu den Formen des Namens cf. *Sternnamen* p. 211 nr. 191.

298. *tālī an-nağm*

„der den Plejaden Nachfolgende". Ibn Qutayba 37, 6; Abū Ḥanīfa bei Ibn Sīda, *Muḫaṣṣaṣ* 9, 10 = Marzūqī 1, 188; Ṣūfī 154, n. 1 (ms Āṣafīya-Ḥaydarābād): ein anderer Name für den sonst *ad-dabarān* (nr. 69) genannten Stern. Bei Marzūqī 1, 315, 3 v. u. kurz *at-tālī* (Text falsch *aṯ-ṯānī*).

299. *at-tamāṯīl*

„die Standbilder". Nur Ṣūfī 63, 7: ein Name für die Sterne um *an-nasaq* = ι Herculis, nr. 191 (*allatī ḥawālay an-nasaq*).

300. *tawābiʿ al-ʿayyūq*

„die al-ʿayyūq Nachfolgenden“. Ibn Qutayba 37, 3 (bei den unter Mondstation 3 mitbehandelten Sternen) = *Adab al-kātib* 95, 7; Ṣūfī 92, 6 (Yehuda XII, 11): ein anderer Name für die drei *al-aʿlām* (nr. 8) genannten Sterne.

301. *at-tinnīn*

„der Drache, die Schlange“. Bei Ṣūfī 42, 6 ein anderer Name für das als *al-ḥayya* (nr. 123) überlieferte Gestirn.

302. (*at-*)*tīr*

Bei den Nautikern Ibn Māǧid und Sulaymān al-Mahrī als Name des Sirius gebraucht; cf. FERRAND, *Instructions Nautiques* III (Paris 1928), Index, und die Stellen, z. B. *al-ʿUmda al-mahrīya*, Facsim. ebda. II (Paris 1925), fol. 16r ff.

303. *at-tuwaybiʿ*

„der kleine Nachfolgende“, Deminutiv zu *at-tābiʿ*. *Lisān* (Druck Bayrūt 1955—1956) 4, 271 b: ein anderer Name für den sonst *ad-dabarān* (nr. 69) genannten Stern.

304 a. *aṭ-ṭarf*

„der Blick [des Löwen]“. Mondstation 9. Ibn Qutayba 55, 14: zwei Sterne vor *al-ǧabha* [= $\zeta\gamma\eta\alpha$ Leonis]; Ṣūfī 173, 12—14 (Yehuda XXIV, 9) und 181, 3—4 (Yehuda XXV, 12) identifiziert die beiden Sterne mit dem 2. externen des ptolemäischen Bildes Krebs = $\varkappa$ Cancri und dem 2. im ptolemäischen Bild Löwe = λ Leonis.

304 b. *ṭarf al-asad*

„der Blick des Löwen“. Für das gleiche Gestirn gibt es auch diesen vollständigeren Namen (Ibn Qutayba 55, 14).

305. *aṯ-ṯuʿaylibāt* (?)

Ein anderer Name für die *qafazāt aẓ-ẓibā'* (nr. 211 b) genannten Sterne, dessen Überlieferung schwankt: Ibn Qutayba 66, 8 (bei den unter Mondstation 14 mitbehandelten Sternen): *aṯ-ṯaʿlabīyāt*; Marzūqī 2, 374, 19: *'šʿylb't*; Ṣūfī 33, 3: *aṯ-ṯuʿaylibāt* (Yehuda II, 21: atoax lebet); cf. PELLAT bei Ibn Qutayba a. a. O. n. 4 und 5.

306. *aṯ-ṯurayyā*

Der bekannte Name der Plejaden. Mondstation 3. Ibn Qutayba 23, 6; Ṣūfī 153, 14 (Yehuda XXII, 10). Besonders interessant ist die Ausgestaltung zu einem Frauenkopf, von dem zwei Arme mit zwei Händen abgehen: eine Hand (*yad li-ṯ-ṯurayyā mamdūda*, Ṣūfī 85, 7; *kaff aṯ-ṯurayyā al-yumnā al-mabsūṭa*, Ṣūfī 77, 18; *kaff aṯ-ṯurayyā al-mabsūṭa* [Text falsch: *al-mutawassiṭa*], Ibn Qutayba 32, 11) in den Hauptsternen des ptolemäischen Bildes Kassiopeia (siehe die einzelnen Bestandteile: *al-ʿaḍud* [nr. 27], *al-ʿātiq* [nr. 41], *aḏ-ḏirāʿ* [nr. 81], *ibrat al-mirfaq* [nr. 133], *al-kaff* [nr. 136a], *al-maʾbiḍ* [nr. 152], *al-mankib* [nr. 157], *al-mirfaq* [nr. 163], *al-miʿṣam* [nr. 169], *as-sāʿid* [nr. 258], *wašm al-miʿṣam* [nr. 314]), die andere (*al-kaff al-ǧaḏmāʾ*, nr. 137) in den Kopfsternen des ptolemäischen Bildes Walfisch. Cf. *Sternnamen* p. 144 nr. 63 sowie HOMMELS Hinweis auf den altarabischen Gottheitsnamen *Ḏū l-Kaffayn* (ZDMG 45 [1891], p. 595 n. 2).

307. *al-udḥī*

„das [Straußen-]Nest". Ibn Qutayba 75, 9 (bei den unter Mondstation 21 mitbehandelten Sternen); Ṣūfī 220, 13 (Yehuda XXIX, 3): ein anderer Name für die *al-qilāda* (nr. 229) genannten Sterne.

308. *udḥī an-naʿām*

„das Straußennest". Ibn Qutayba 73, 16 (bei den unter Mondstation 19 mitbehandelten Sternen): *kawākib mustadīra ʿalā qadr dārat al-qamar* „kreisförmig angeordnete Sterne vom Umfang des Mondhalo" (hinter *an-naʿāmāt* = $\tau\upsilon\zeta\vartheta\eta$ Ceti); Ṣūfī 277, 19 (Yehuda XXXV, 1) identifiziert sie mit dem 14. bis 22. Stern im ptolemäischen Bild Eridanus = $\zeta\varrho^{2,3}\eta$, W. B. 2^h 788, τ^{1-5} Eridani sowie dem 10. und 11. im ptolemäischen Bild Walfisch = $\varepsilon\pi$ Ceti.

309. *udḥī an-naʿām*

„das Straußennest". Nur Ṣūfī 344, 8: ein anderer Name für die *al-qubba* (nr. 231) genannten Sterne.

310. *al-uḥaymir*

„der kleine Rote". Bei Sulaymān al-Mahrī, *al-ʿUmda al-mahrīya*, Facsim. FERRAND, *Instructions Nautiques* II (Paris 1925), fol. 16rff. ein anderer Name für den sonst *as-simāk ar-rāmiḥ* (nr. 270) genannten Stern; cf. auch ebda. I (Paris 1921—1923), fol. 82v, 4; sowie III (Paris 1928), p. 91f. nr. 7 (Lahemir). In der klassischen astronomischen Literatur tritt diese Bezeichnung noch nicht auf (*al-aḥmar* „der Rote", im Positiv, ist als seltenere nachklassische Bezeichnung des Planeten Mars, klassisch *al-mirrīḫ*, bekannt).

311a. *al-ʿuḏra*

Ibn Qutayba 48, 6 (bei den unter Mondstation 6 mitbehandelten Sternen): *ḫamsat kawākib bīḍ asfal min aš-šiʿrā al-ʿabūr fī l-maǧarra* „fünf weiße Sterne unterhalb von aš-šiʿrā al-ʿabūr [= α Canis Maioris, Sirius] in der

Milchstraße". Auch der *Lisān* (Druck Bayrūt 1955—1956) 4, 553a zitiert: *wa-qīla al-ʿuḏra kawākib fī āḫir al-maǧarra ḫamsa* „es heißt auch: al-ʿuḏra sind fünf Sterne am Ende der Milchstraße". Zur Bedeutung des unklaren Namens cf. *Sternnamen* p. 140, nr. 55 mit n. 1.

311b. *ʿuḏrat al-ǧawzāʾ*

Bei Ibn Qutayba 48, 6 eine andere Form des vorangehend behandelten Namens; nur so Ṣūfī 289, 7 (Yehuda XXXVII, 3), der *ʿuḏrat al-ǧawzāʾ* nur als vier Sterne kennt und sie mit dem 12., 14., 15. und 18. Stern im ptolemäischen Bild Großer Hund = $o^2\delta\varepsilon\eta$ Canis Maioris identifiziert.

312. *warikā l-asad*

„die Hüften des Löwen". Ibn Qutayba 61, 2; Ṣūfī 193, 19: ein anderer Name für die sonst *al-ʿawwāʾ* (nr. 44) genannten Sterne.

313. *al-waṣl*

„die Verbindung". Abū Ḥanīfa bei Marzūqī 1, 194, ult.: *wa-yusammā mawḍiʿ an-naʿāʾim al-waṣl* „die Stelle von an-naʿāʾim wird al-waṣl genannt". Etwas anders Ṣūfī 220, 7 (Yehuda XXIX, 13): *wa-yusammā l-mawḍiʿ allaḏī bayna n-naʿāmayn al-waṣl wa-huwa al-manzil al-ʿišrūn min manāzil al-qamar* „die Stelle zwischen den beiden ‚Straußengruppen' [$\gamma\delta\varepsilon\eta$ und $\sigma\varphi\tau\zeta$ Sagittarii] wird al-waṣl genannt, das ist die zwanzigste Mondstation".

314. *wašm-al-miʿṣam*

„die Tätowierung des Handgelenks [der ausgestreckten rechten Hand der ṯurayyā]". Ibn Qutayba 33, 11: eine andere Bezeichnung für *al-miʿṣam*, nr. 169.

315. *al-wazn*

Einer der beiden stets zusammen genannten umstrittenen Sterne *ḥaḍāri* und *al-wazn*; s. o. *ḥaḍāri* (nr. 118).

316. *al-waznān*

In der Aufzählung von Sternnamen im Dual bei Marzūqī 1, 260, 2: *wa-l-waznān ḥaḍāri wa-l-wazn* „die beiden wazn [sind]: ḥaḍāri und al-wazn".

317a. *yad al-ǧawzāʾ*

„die Hand der ǧawzāʾ". Ibn Qutayba 45, 13 (bei den unter Mondstation 6 mitbehandelten Sternen): *kawkabān azharān fī aḥadihimā ḥumra* „zwei helle Sterne, einer davon rötlich" (auf die beiden Sterne $\alpha\gamma$ Orionis gemeinsam bezogen); Ṣūfī 269, 3 (Yehuda XXXIV, 5. 6): arabischer Name des hellen zweiten Sterns im ptolemäischen Bild Orion = α Orionis.

317b. *al-yadān*

„die beiden Hände". In einer Aufzählung der fünfzehn hellsten Fixsterne bei Marzūqī 2, 370 werden *αγ* Orionis gemeinsam als *al-yadān* aufgeführt; eigenartigerweise wird dann aber *α* Orionis noch einmal separat als *mankib al-ǧawzāʾ* genannt.

318. *yadā l-ʿaqrab*

„die Greifzangen des Skorpions". Nur Ṣūfī 202, 5 (Yehuda XXVII, 1): ein anderer Name für die beiden *az-zubānā* (nr. 322a) genannten Sterne.

319. *al-yamāmatān*

„die beiden Wildtauben". Ibn Qutayba 73, 12 (bei den unter Mondstation 19 mitbehandelten Sternen): *ḫalfa ṣ-ṣurad al-aʿlā al-yamāniyān* [sic Text Ibn Qutayba; offensichtlich besser überliefert bei Marzūqī] *wa-baynahumā wa-bayna ṣ-ṣurad fī raʾy al-ʿayn naḥw min ʿišrīn ḏirāʿan* „hinter dem oberen ṣurad [= *α* Indi?, s. nr. 281] sind die ‚beiden Wildtauben', zwischen ihnen und dem ṣurad ist nach Augenmaß ein Abstand von rund zwanzig ḏirāʿ [1 *ḏirāʿ* bei Ṣūfī = 2° 20′]"; etwas besser überliefert bei Marzūqī 2, 383, 11: *qāla* [scil. Abū Ḥanīfa] *wa-ḫalfa ṣ-ṣurad al-aʿlā al-yamāmatān wa-baynahumā wa-bayna ṣ-ṣuradayn fī raʾy al-ʿayn naḥw min ʿišrīn ḏirāʿan*. Diese Definition bezieht sich ziemlich eindeutig auf die beiden hellen Sterne *αβ* Gruis, für die Ṣūfī außer einer (falschen) Gleichsetzung mit *ḥaḍāri* und *al-wazn* keinen arabischen Namen mitteilt.

320. *zawraq*

„Kahn". Ṣūfī 278, 2—3: *wa-raʾaytu bi-Šīrāz kawākib kaṯīra qarība min al-ufq šibha zawraqin fīhā kawkab nayyir min al-qadr aṯ-ṯāliṯ* „ich sah in Šīrāz viele Sterne nahe am Horizont, ähnlich wie ein Kahn, darunter einen hellen Stern dritter Größe [= *α* Phoenicis]". Diese Sterne gehören nicht zu den 1025 ptolemäischen Sternen, sind aber durch Ṣūfīs Beschreibung bekannt; so führt auch Tīzīnī in seinem Sternverzeichnis hiernach *α* Phoenicis als *nayyir az-zawraq* „der Helle des Kahns" an (ediert in HYDES Cmt zur Uluġ Bēg-Ausgabe, Oxford 1665, p. 76, bei 92° 0′ RA).

321. *az-zirr* (?)

Die beiden Sterne der sechsten Mondstation *al-hanʿa* (nr. 114) wurden auch mit separaten Namen bezeichnet, deren Überlieferung nicht einheitlich ist. Bei Ibn Qutayba 42, 3 (unter Mondstation 6): *wa-yuqālu li-aḥad al-kawkabayn* + [in den Hss ausgelassen] *wa-li-l-āḫar al-maysān*; Abū Ḥanīfa bei Ibn Sīda, *Muḫaṣṣaṣ* 9, 11: *wa-yuqālu al-hanʿa aḏ-ḏarr wa-l-maysān*; aber Marzūqī 1, 189, 9: *wa-qāla Ibn Kunāsa yuqālu li-l-hanʿa al-rzq al-maysān*; Bīrūnī, *Āṯār* 342, 21: *az-zirr wa-l-maysān*; Ibn Manẓūr, *Kitāb niṯār al-azhār*, Konstantinopel 1298, p. 176: *wa-yuqālu li-l-hanʿa az-zirr*; Ṣūfī 166, 16: *al-maysān wa-z-zirr* (Yehuda XXIII, 6: elmeeçen = *al-maysān*). Der eine der beiden Ausdrücke scheint als *al-maysān* festzustehen, der andere dagegen läßt sich nicht eindeutig fixieren.

322a. *az-zubānā*

„die Scheren [des Skorpions]". Mondstation 16. Ibn Qutayba 68, 9: *wa-humā kawkabān muftariqān baynahumā fī raʾy al-ʿayn miqdār ḫamsat aḏruʿ* „das sind zwei auseinanderstehende Sterne, zwischen denen nach Augenmaß ein Abstand von fünf ḏirāʿ [1 *ḏirāʿ* = 2° 20′ bei Ṣūfī] ist"; Ṣūfī 202, 3 (Yehuda XXVII, 4) identifiziert die beiden Sterne mit dem 1. und 3. im ptolemäischen Bild Waage = $\alpha\beta$ Librae. Zu Form und Bedeutung des Namens cf. Hommel, ZDMG 45 (1891), p. 597.

322b. *zubānā l-ʿaqrab*

„die Scheren des Skorpions". Das gleiche Gestirn wurde auch mit diesem vollständigeren Namen bezeichnet, Ṣūfī 202, 3 (Yehuda XXVII, 5).

322c. *zubānayā l-ʿaqrab*

„die beiden Scheren des Skorpions". Auch in der Dualform wird der Name dieses Gestirns gelegentlich zitiert, Ibn Qutayba 68, 9.

323a. *az-zubra*

„die Mähne [des Löwen]". Mondstation 11. Ibn Qutayba 58, 14: *wa-hiya kawkabān nayyirān ʿalā iṯri l-ǧabha baynahumā qayd sawṭ* „das sind zwei helle Sterne hinter *al-ǧabha* [= $\zeta\gamma\eta\alpha$ Leonis], zwischen ihnen ist eine Peitschenlänge"; Ṣūfī 181, 9 (Yehuda XXV, 14) identifiziert die beiden Sterne mit dem 20. und 22. im ptolemäischen Bild Löwe = $\delta\vartheta$ Leonis.

323b. *zubrat al-asad*

„die Mähne des Löwen". Das gleiche Gestirn wurde auch mit diesem vollständigeren Namen bezeichnet, Ibn Qutayba 58, 14; Ṣūfī 181, 8.

324. *aẓ-ẓalīm*

„der Strauß". Ṣūfī 239, 18 (Yehuda XXXI, 1): der Name eines Sterns, den er mit dem 42. im ptolemäischen Bild Wassermann = α Piscis Austrini identifiziert; dies ist einer der beiden Sterne, die Ibn Qutayba 73, 13 im Dual als *aẓ-ẓalīmān* „die beiden Strauße" anführt.

325. *aẓ-ẓalīm*

„der Strauß". Ṣūfī 239, 18 und 227, 21 (Yehuda XXXV, 4): der Name eines anderen Sternes, den er mit dem 34. im ptolemäischen Bild Eridanus = ϑ Eridani identifiziert; dies ist der zweite der beiden Sterne, die Ibn Qutayba 73, 13 im Dual als *aẓ-ẓalīmān* „die beiden Strauße" anführt.

326. *aẓ-ẓalīm*

„der Strauß". Sulaymān al-Mahrī, *al-ʿUmda al-mahrīya*, Facsim. FERRAND, *Instructions Nautiques* II (Paris 1925), fol. 16rff., nennt den zweiten der „beiden Esel", α Centauri (s. o. *al-ḥimārān*, nr. 124) einzeln *aẓ-ẓalīm* „der Strauß"; für den ersten s. o. *al-mʿql*, nr. 178. Für das Auftreten des arabischen Namens *aẓ-ẓalīm* bzw. *aẓ-ẓulmān* im Bereich des ptolemäischen Bildes Kentaur siehe die ausführliche Darstellung *Sternnamen* p. 214ff., nr. 194 (besonders p. 215f. n. 1).

327. *aẓ-ẓalīmān*

„die beiden Strauße". Ibn Qutayba 73, 13 (bei den unter Mondstation 19 mitbehandelten Sternen): *ṯumma ẓ-ẓalīmān fawqa ḏālika wa-humā kawkabān nayyirān* [ergänze: *baynahumā*] *fī raʾy al-ʿayn iḏā stawayā fī s-samāʾ qadr miʾat ḏirāʿ* „dann aẓ-ẓalīmān darüber [scil. über *al-yamāmatān*, αβ Gruis], das sind zwei helle Sterne, (zwischen ihnen) ist nach Augenmaß, wenn sie in gleicher Höhe am Himmel stehen, ein Abstand von hundert ḏirāʿ"; im gleichen Wortlaut (aber mit dem bei Ibn Qutayba fehlenden *baynahumā*) zitiert Marzūqī 2, 383, 15 diese Beschreibung ausdrücklich von Abū Ḥanīfa. Die gegebene Definition bezeichnet eindeutig und absolut zweifelsfrei die beiden hellen Sterne α Piscis Austrini und ϑ Eridani. Ṣūfī 220, 7 (Yehuda XXIX, 2) hat sich in der Auswertung der Überlieferung, die diese beiden Sterne zusammen mit anderen Sternen in der Umgebung des ptolemäischen Sternbildes Schütze beschreibt, geirrt und die „beiden Strauße" *aẓ-ẓalīmān* falsch mit dem 4. und 5. Stern im ptolemäischen Bild Schütze = λμ Sagittarii identifiziert. Daneben bezeichnet er aber auch die beiden eigentlich gemeinten Sterne α Piscis Austrini und ϑ Eridani, jeden für sich, mit dem Namen *aẓ-ẓalīm* (s. o. nr. 324, 325).

328. *aẓ-ẓalīmān*

„die beiden Strauße". Nur Ṣūfī 112, 1—2 (Yehuda XV, 1) bezeichnet noch zwei Sterne zwischen *an-nasr aṭ-ṭāʾir* = αβγ Aquilae und *an-naʿām aṣ-ṣādir* = σφτζ Sagittarii, die er näher mit dem 4. und 5. externen des ptolemäischen Bildes Adler = ιλ Aquilae identifiziert, ebenfalls als *aẓ-ẓalīmān*. Hier handelt es sich aber wahrscheinlich um denselben Irrtum, dem Ṣūfī auch schon beim vorgenannten Gestirn *aẓ-ẓalīmān* erlegen war, denn auch diese „beiden Strauße“ hier sind über *an-naʿām aṣ-ṣādir* mit dem Schützen verbunden, im Zusammenhang mit dem wiederum ursprünglich die *anwāʾ*-Autoren ihre „beiden Strauße“, α Piscis Austrini und ϑ Eridani, beschrieben hatten.

329. *aẓ-ẓibāʾ*

„die Gazellen“. Ibn Qutayba 66, 11 (bei den unter Mondstation 14 mitbehandelten Sternen): *kawākib mustaṭīla asfal min qafazāt aẓ-ẓibāʾ* „der Länge nach angeordnete Sterne unterhalb von qafazāt aẓ-ẓibāʾ [= $\iota \varkappa \lambda \mu \nu \xi$ Ursae Maioris]“; Ṣūfī 33, 7 identifiziert *aẓ-ẓibāʾ* mit den Sternen auf Brauen, Augen, Ohren und Maul des ptolemäischen Bildes Großer Bär (d.h. der 4., 5., 2., 3., 6. und 1. Stern) = $\varrho \sigma^2 A \pi^2 d o$ Ursae Maioris, wozu er 33, 19—34, 2 noch den 8., 3. und 4. externen des Großen Bären = Fl. 31, 40 (α), 38 Lyncis hinzunimmt. Nur diese letzteren drei stimmen mit der *anwāʾ*-Definition „unterhalb von qafazāt aẓ-ẓibāʾ“ überein.

Indices

Das Verzeichnis in Teil II enthält alle Namen in alphabetischer Anordnung. Daher wird der Index zur ausführlichen Aufschlüsselung des Materials nach Sachgruppen gegliedert. Von den seltenen Namen sind auch die Schreibvarianten aufgenommen. Der Artikel *al* wird im Alphabet nicht berücksichtigt. * kennzeichnet Namen und Bezeichnungen von Mondstationen. Einfache Zahlen verweisen auf die laufenden Nummern in Teil II, S. verweist auf Seitenzahlen.

a) Einzelsterne

(Ein Name bezeichnet einen Stern)

b) Sternpaare

(Ein Name bezeichnet zwei Sterne)

c) Sterngruppen

(Ein Pluralname bezeichnet eine Gruppe individueller Wesen oder Dinge)

d) Sternbilder

(Ein [Singular-]Name bezeichnet ein „Bild", das aus mehreren Sternen zusammengesetzt ist)

e) Bestandteile von Sternbildern

f) Namen für Himmelsstellen ohne Sterne